Die Praxis der Zwangsversteigerung und Zwangsverwaltung

Ein Handbuch des Verfahrens in der Zwangsversteigerung und Zwangsverwaltung nach dem Reichsgesetze vom 24. März 1897.

Von

Dr. Siegfried Dispeker,

Rechtsanwalt in München.

München 1905

J. Schweitzer Verlag (Arthur Sellier).

Vorwort

Zu den wichtigsten und einschneidendsten Gesetzen, die im Gefolge des BGB. erschienen, gehört das Gesetz über Zwangsversteigerung und Zwangsverwaltung. Dasselbe brachte für jedes deutsche Gebiet wesentliche Abweichungen vom bisherigen Recht. Die Rechtsprechung hat seit Einführung des Gesetzes, — in Bayern r. d. Rh. gelangt es erst mit Fertigstellung der Grundbücher zur Anwendung, — bereits eine größere Anzahl grundlegender Entscheidungen geliefert, vortreffliche Kommentare und Einzelabhandlungen haben die Vorschriften erläutert und erleuchtet.

Das vorliegende Handbuch wendet sich, — nicht als Ersatz, sondern in Ergänzung dieser Werke — in erster Linie an den Praktiker. Seine Einteilung schließt sich dem Gang des Verfahrens an. Anträge und Beschlüsse sind in Formularform wiedergegeben, in den Anmerkungen sind zahlreiche Beispiele eingestreut, die Ausführungsbestimmungen der deutschen Einzelstaaten sind tunlichst berücksichtigt, besonderes Augenmerk wurde den bisherigen Entscheidungen gewidmet.

Außerdem konnte eine Anzahl ausgewählter Akten in Zwangsversteigerungs- und Zwangsverwaltungsfragen des Kgl. Amtsgerichts I Berlin, für deren gütige Ueberlassung zur Einsicht auch an dieser Stelle dem Herrn Amtsgerichtspräsidenten verbindlichster Dank ausgesprochen werden muß, entsprechend verwertet werden.

Endlich wurde auch auf ein möglichst genaues Sachregister Gewicht gelegt.

München, Juni 1905.

Der Verfasser.

Inhalt

Abkürzungen

BadAG. = Badisches Gesetz vom 18. Juni 1899, die Ausführung des Reichsgesetzes über die Zwangsversteigerung und die Zwangsverwaltung u.s.f. (Ges. und Ver. für Großh. Baden 1899 S. 267).
BadRpr. = Badische Rechtspraxis.
BAG. = Bayerisches Ausführungsgesetz zu der Grundbuchordnung und zu dem Gesetz über die Zwangsversteigerung und die Zwangsverwaltung vom 9. Juni 1899 (Bayer. Gesetz- und Verordnungsblatt 1899 Beilage Nr. 28 S. 125).
BayNotZ. = Zeitschrift für das Notariat und für die freiw. Rechtspflege der Gerichte in Bayern, siehe auch ZfR.
BayZfR. = Zeitschrift für Rechtspflege in Bayern, hrsg. von Th. v. d. Pfordten.
BGB. = Bürgerliches Gesetzbuch vom 18. August 1896 (Reichsgesetzblatt 1896 S. 195).
BlfRA. = Blätter für Rechtsanwendung, herausgegeben von Prof. Gareis.
BuschsZ = Zeitschrift für deutschen Zivilprozeß, begr. von Busch.
CBlFG = Centralblatt für freiwillige Gerichtsbarkeit und Notariat, hrsg. von Lobe.
CPO. = Civilprozeßordnung für das Deutsche Reich vom 17. Mai 1898 (Reichsgesetzblatt 1898 S. 410).
DJZ. = Deutsche Juristenzeitung.
EG. = Einführungsgesetz zu dem Gesetz über die Zwangsversteigerung und die Zwangsverwaltung vom 24. März 1897 in der Fassung der Bekanntmachung vom 20. Mai 1898 (Reichsgesetzblatt 1898 S. 750).
EGzBGB. = Einführungsgesetz zum Bürgerlichen Gesetzbuch vom 18. August 1896 (Reichsgesetzblatt 1896 S. 604).
ElsLothAG. = Elsaß-Lothringisches Gesetz, betr. die Ausführung des Reichsgesetzes über die Zwangsversteigerung und die Zwangsverwaltung vom 13. November 1899 (Gesetzblatt für Elsaß-Lothringen 1899 S. 162).
ElsLothNotZ. = Notariatszeitschrift für Elsaß-Lothringen.
ElsLothZ. = Juristische Zeitschrift für das Reichsland Elsaß-Lothringen.
EntschFG. = Entscheidungen in Angelegenheiten der freiwilligen Gerichtsbarkeit und des Grundbuchrechts, zusammengestellt im Reichsjustizamt.
GBO. = Grundbuchordnung für das Deutsche Reich vom 24. März 1897 (Reichsgesetzblatt 1897 S. 139 und 1898 S. 369).
GruchotsBeitr. = Beiträge zur Erläuterung des Deutschen Rechts, begr. von Gruchot.
GuVBl. = Gesetz- und Verordnungs-Blatt.
HansGZ. = Hanseatische Gerichtszeitung.
HessAG. = Hessisches Gesetz vom 23. Juli 1899, die Ausführung des Gesetzes über die Zwangsversteigerung und die Zwangsverwaltung betr. (Reg.-Blatt 1899 S. 367).
HessRspr. = Hessische Rechtsprechung.
HGB. = Handelsgesetzbuch für das Deutsche Reich vom 10. Mai 1897 (Reichsgesetzblatt 1897 S. 219).

JDR. = Jahrbuch des Deutschen Rechts, hrsg. von Neumann.
JMBl. = Justizministerialblatt.
JW. = Juristische Wochenschrift.
KGBl. = Blätter für Rechtspflege im Bezirk des Kammergerichts.
KO. = Konkursordnung vom 10. Februar 1877 und 17. Mai 1898 (Reichsgesetzblatt 1898 S. 612).
MecklSchwVO. = Mecklenburg-Schwerin'sche Verordnung zur Ausführung des Gesetzes über die Zwangsversteigerung und die Zwangsverwaltung vom 9. April 1899 (Regierungsblatt S. 257).
MecklZ. = Mecklenburgische Zeitschrift für Rechtspflege und Rechtswissenschaft.
NaumburgAK. = Zeitung der Anwaltskammer Naumburg.
OLG. = Die Rechtsprechung der Oberlandesgerichte, herausg. von Mugdan u. Falkmann.
PAG. = Preußisches Ausführungsgesetz zum Reichsgesetz über die Zwangsversteigerung und die Zwangsverwaltung vom 23. September 1899 (Ges.-Samml. für die Kgl. Preußischen Staaten 1899 S. 291).
PosMSchr. = Juristische Monatsschrift für Posen u.s.f.
PuchelsZ. = Zeitschrift für Deutsches bürgerl. Recht und franz. Civilrecht.
Recht = „Das Recht", Rundschau für den deutschen Juristenstand hrsg. von Dr. Soergel.
RG. = Entscheidungen des Reichsgerichts in Civilsachen.
RGBl. = Reichsgesetzblatt.
RGSt. = Entscheidungen des Reichsgerichts in Strafsachen.
RJA. = Entscheidungen in Angelegenheiten der freiw. Gerichtsbarkeit und des Grundbuchrechts zusammengestellt im Reichsjustizamt.
S. = Sammlung von Entscheidungen des Bayer. Obersten Landesgerichtes in Civilsachen.
SächsArch. = Sächsisches Archiv für bürgerliches Recht und Prozeß.
SächsOLG. = Annalen des Kgl. Sächs. Oberlandesgerichts zu Dresden.
SächsOVG. = Sächsisches Oberverwaltungsgericht und dessen Jahrbücher.
SeuffA. = Seufferts Archiv für Entscheidungen der obersten Gerichte.
SG. = Sächsisches Gesetz, die Zwangsvollstreckung in das unbewegliche Vermögen betr. vom 18. Juni 1900 (Ges.- und Ver.-Bl. 1900 S. 312).
WAG. = Württembergisches Ausführungsgesetz zum Bürgerlichen Gesetzbuch und dessen Nebengesetzen vom 28. Juli 1899 (Reg.-Bl. für das K. Württemberg 1899 Nr. 22 S. 423).
WürttArch. = Württembergisches Archiv für Recht und Rechtsverwaltung.
WürttJ. = Jahrbücher für württembergische Rechtspflege.
WürttZ. = Zeitschrift für die freiw. Gerichtsbarkeit und die Gemeindeverwaltung in Württemberg,
WV. = Württembergische Verfügung des Justizministeriums vom 10. Oktober 1899 betr. die Zwangsversteigerung und die Zwangsverwaltung (Amtsblatt des Kgl. Württemb. Justizministeriums 1899 S. 367).
ZBlFG. = Zentralblatt für freiwillige Gerichtsbarkeit und Notariat sowie Zwangsversteigerung.
ZfN. = Zeitschrift für das Notariat und die freiwillige Rechtspflege der Gerichte in Bayern, siehe auch BayNotZ.
Zv. = Zwangsversteigerung.
ZVG. = Gesetz über die Zwangsversteigerung und die Zwangsverwaltung vom 24. März 1897 in der Fassung vom 20. Mai 1898 (Reichsgesetzblatt 1898 S. 713); Citate der Paragraphen erfolgten lediglich durch Angabe der Ziffern unter Hinweglassen des ZVG. und der Bezeichnung §.

I. Vorbemerkungen.

1. **Inkrafttreten** des Gesetzes über die Zwangsversteigerung und die Zwangsverwaltung vom 24. März 1897 für jeden Grundbuchbezirk von Anlegung des Grundbuchs an, für Schiffe seit 1. Januar 1900 E. 1, BAG. Art. 53, MecklSchwVO. v. 9. April 1899 § 17, ElsLothAG. 27, siehe auch RG. 55 S. 250; BayBek. v. 31. März 1905 (JMBl. 1905 S. 587).
2. Verfahren, das **vor** Inkrafttreten des ZVG. beantragt war und seine Wirkungen: nach Landesgesetz E. 15, PAG. Art. 42, 43, BAG. Art. 52—55, SG. 28, ElsLothAG. 45, RG. 48 S. 40, 50 S. 73; siehe auch BayUebergG. v. 9. Juni 1899 Art. 6 (betr. Miete und Pacht bei Zv. vor Anlegung des Grundbuchs), 41 (Zv. zum Zwecke Aufhebung der Gemeinschaft), 113, 114 (für die Pfalz).
3. ZVG. zu ergänzen durch Vorschriften der Zivilprozeßordnung CPO. 869, Gaupp, Kommentar hiezu, WV. 1.
4. **Kostenwesen** nach Landesgesetz: PreußGKG. v. 25. Juni 1895 in Fassung v. 6. Oktober 1899; Preuß. Ges. über die Gebühren der Rechtsanwälte v. 27. September 1899 Art. 1—17; BayGebG. v. 11. November 1899 Art. 7—22; BayNotGebO. v. 28. Dezember 1899 Art. 23, 52, 107, Beschl. des ObLG. v .14. Dezember 1900, ZfR. 2 S. 50; BayVO. v. 26. März 1902 über die Gebühren der Rechtsanwälte Art. 17—22.

II. Antrag auf Zwangsversteigerung.

§§ 16, 17.

Zum Amtsgericht[1] .... den

Antrag[2]
des .... (Name und Stand des Beschlagnahmegläubigers[3]) in ....,
Gläubigers, (eventuell: vertreten durch Rechtsanwalt[2] ....)
gegen
den .... (Name und Stand des Beschlagnahmeschuldners[4]) in ....,
Schuldner
auf Zwangsversteigerung.

In nebenbezeichneter Sache beantrage ich, unter Vorlage der vollstreckbaren Ausfertigung[5] der Urkunde des Notariats vom ...... G. R. Nr. ...... (oder des Urteils des ...... gerichts vom ......) mit Zustellungsnachweis[6] vom ...... (sowie eines Zeugnisses des Grundbuchamtes, daß der Schuldner als Eigentümer des Grundstücks eingetragen,[7, 8,] statt dessen, wenn Vollstreckungsgericht zugleich Grundbuchamt) sowie unter Bezugnahme auf das Grundbuch des Vollstreckungsgerichts für ...... Band ...... Blatt Nr. ......[9] (und Vorlage einer Vollmacht[2]):

Amtsgericht wolle die Zwangsversteigerung des[10] auf den Namen ...... im Grundbuch für ...... Band ...... Blatt Nr. ...... eingetragenen in ......, Gemeinde ......, ...amts (Kreis) ...... gelegenen Anwesens Plannummer ...... zu ...... ha zu Gunsten meiner Forderung [11] zu ...... Mark nebst ...... Zinsen hieraus seit ...... und ...... Mark Kosten[14] anordnen.[12, 13]

.... (Unterschrift).

Anmerkungen zu II:

II **Anm. 1.** **Vollstreckungsgericht:** ausschließlich CPO. 802, 40 Abs. 2: Amtsgericht, in dessen Bezirk Grundstück 1;

wenn ein oder mehrere Grundstücke in verschiedenen Amtsgerichtsbezirken oder Grenzen ungewiß und in Fällen der CPO. 36 Nr. 1, 5, 6 auf formlosen Antrag — auch des Konkursverwalters JW. 1902 S. 402 Nr. 46 — Bestimmung durch nächst höheres Gericht, auch Reichsgericht und Bayer. Oberstes Landesgericht 2, CPO. 37, WV. 2, siehe auch E. 2, EGzBGB. Art. 167, PAG. Art. 34, CBlFG. 4 S. 355, Recht 7 S. 458; BayBek. v. 27. Februar 1905 (JMBl. 1905 S. 63—65); — Beschluß des Obergerichts nur Antragsteller zustellen JDR. II S. 362; — bis Rechtskraft des Zuschlags Prüfung der Zuständigkeit von Amts wegen, Versagung des Zuschlags 33, 83 Nr. 6, siehe unten VII 24, 32;

bei Verweigerung der Einsichtnahme des Grundbuchs: Beschwerde GBO. 71;

bei eingetragenen Schiffen — siehe unten II 4e — Amtsgericht, in dessen Bezirk Schiff zur Zeit der Erlassung des Anordnungsbeschlusses 163 Abs. 1, 171, HGB. 482.

II **Anm. 2.** **Antrag:** formlos, schriftlich oder zu Protokoll des Gerichtsschreibers; — kein Anwaltszwang; — stellt Rechtsanwalt Antrag, so Prozeßvollmacht nach CPO. 81 genügend; — (diese genügt nicht zur Abgabe von Geboten 71 Abs. 2 und zur Abtretung oder Uebernahme der Rechte aus dem Meistgebot 81 Abs. 2 und 3, siehe VII 20, 23 Anm. 14); —

Beglaubigung des Antrags nicht erforderlich GBO. 13, 30; — wenn Antrag unvollständig, zurückweisen oder zur Ergänzung zurückgeben, siehe III Anm. 1;

mit Antrag auf Zwangsversteigerung zugleich Antrag auf **Zwangsverwaltung** verbinden, empfiehlt sich bei vermieteten oder verpachteten Grundstücken wegen der Miete oder Pachtzinse bis zum Zuschlag 21 Abs. 2, 24, nach Zuschlag 56 Satz 2, 57; — siehe III Anm. 7 c δ, VII 7e, BayZfR. 1905 S. 161; — es kann auch Antrag auf Eintragung einer Zwangshypothek verbunden werden CPO. 866 (Folgen siehe III Anm. 9c);

Antrag auf Zv. unzulässig siehe II Anm. 11, ferner CPO. 772, 773, doch auf Zwangsverwaltung zulässig, siehe XIII A Anm. 2; — gleichzeitig schwebende Zv. und Zwangsverwaltung GruchotsBeitr. 47 S. 376.

II **Anm. 3.** **Antragsteller:** (Partei- und Prozeßfähigkeit prüfen;)

a) **gemeinsam,** falls nicht anderweite Bestimmung, von mehreren Vormündern BGB. 1797, Testamentsvollstreckern BGB. 2224, Liquidatoren HGB. 150, 161 Abs. 2, Vorstandsmitgliedern eines Vereins oder einer Stiftung BGB. 26, 86, einer eingetragenen Genossenschaft GenG. 25, 85, einer Innung GewO. 92 b, einer Gesellschaft des bürgerlichen Rechts BGB. 709 ff.

b) **Konkursverwalter:** Vorlage der Bestellung 172—174, KO. 126, keine Verpflichtung zur Antragstellung OLG. 3 S. 48, BlfRA. 69 S. 230, JW. 02 S. 440; — bei Nachlaßkonkurs 178; — falls Verfahren schon vor Konkurseröffnung anhängig war WV. 49; — (s. unten Anm. 5 a) — gegen Beschluß kein Beschwerderecht des Hypothekengläubigers ElsLothZ. 28 S. 338; — nach erfolgter Anfechtung einer Veräußerung des Grundstücks seitens Gemeinschuldners CBlFG. 4 S. 406;

c) Antrag zum Zwecke der **Aufhebung einer Gemeinschaft** 180 ff. (Feststellung des geringsten Gebots VII 6 i ε) GruchotsBeitr. 47 S. 632;

ob Teilung zulässig nach bürgerlichem Recht, bei Gemeinschaft nach Bruchteilen BGB. 753, falls nach Grundbuch unzulässig 28; bei Erbengemeinschaft BGB. 2042, unzulässig nach BGB. 2043, 2045; SeuffA. 56 Nr. 22, EntschFG. 1 S. 24; — falls Auflösung nach Vertrag ausgeschlossen JW. 1900 S. 752; — bei Handelsgesellschaft, Gesellschaft des BGB., ehelichen Gütergemeinschaft, fortgesetzten Gütergemeinschaft erst nach Auflösung GruchotsBeitr. 47 S. 632;

auch Klage auf Einwilligung in Aufhebung der Gemeinschaft WürttJ. 14 S. 321, HessRspr. 1 S. 164;

Antragsteller muß als Eigentümer im Grundbuch eingetragen oder Erbe eines eingetragenen Eigentümers sein oder Recht des Eigentümers oder Erben auf Aufhebung ausüben 181,

Teilhaber, der Unzulässigkeit behauptet, Klagerecht nach CPO. 771; — bei Widerspruch eines Beteiligten, Ablehnung des Antrags, wenn Gericht Bestehen einer Gemeinschaft nicht ausreichend dargetan hält, Recht 7 S. 215;

Genehmigung des Vormundschaftsgerichts bei Vormund, Pfleger 181 Abs. 2, nicht bei Inhaber der elterlichen Gewalt PosMSchr. 1902 S. 121;

einseitiger Antrag der Ehefrau BGB. 1407 Z. 2, CBlFG. 2, S. 342;

bei Schiffen erforderlich Eigentum des Antragstellers und dessen, gegen den Antrag und Besitz eines der beiden 181 Abs. 3; — s. im übrigen VII, A 6 i ε;

Uebergangsbestimmungen für Bayern bis Anlegung des Grundbuchs BayUebergG. v. 9. Juni 1899 Art. 41, 113, 114 (GuVBl. S. 83 ff.).

d) **Erbe**, der nicht für Nachlaßverbindlichkeiten unbeschränkt haftet; Testamentsvollstrecker; — nach Annahme der Erbschaft, — Nachlaßpfleger, RG. v. 15. März 1901 in JDR. II S. 392; — Ehegatte, wenn Nachlaß zum eingebrachten oder Gesamtgut gehört; Erbschaftskäufer; — sämtliche, falls Nachlaßgläubiger dingliches Recht auf Befriedigung aus Grundstück hat und nicht im Aufgebotsverfahren ausgeschlossen ist und kein Antrag auf Nachlaßkonkurs gestellt 175, 178; — Glaubhaftmachung durch Urkunden, wenn nicht gerichtskundig 177. — JW. 1902 S. 441.

e) **Vollstreckungsbehörde** wegen Abgaben, Gefällen usf., die der Beitreibung im Verwaltungsverfahren unterliegen PreußVO. v. 15. November 1899 (GesSamml. S. 545);

Ortspolizeibehörde bei verfallenen Gebäuden PAG. Art. 29;

Baupolizeibehörde in Sachsen SG. 30—35.

f) bei Forderungen landschaftlicher (ritterschaftlicher) Kreditanstalten Preuß. Ges. v. 3. August 1897 (GesSamml. S. 388).

g) bei Bahneinheiten s. II 4 d.

II Anm. 4. Gegenstände der Zv.:

a) Grundstück CPO. 864, mit selbständigem Grundbuchblatt, ausnahmsweise Vereinigung auf einem Blatt BGB. 890, GBO. 2—6, 86, 87, siehe auch XII (mehrere Grundstücke im selben Verfahren); steht Gebäude auf dem Schuldner nicht gehöriger Grundfläche, so nicht nach Zv., sondern CPO. OLG. 2 S. 354;

herrenlos: Bestellung eines Vertreters CPO. 787;

gegen Ersteher, auch wenn er noch nicht im Grundbuch 133;

Umfang (Bestandteile usf.) s. III 7.

b) Bruchteil eines Grundstücks — ideeller Teil — **nur**, wenn im Anteil eines Miteigentümers oder Zv. auf Grund eines nur Bruchteil belastenden Rechtes CPO. 864 Abs. 2;

Heilung des Mangels des notwendigen Eintrags der Bruchteile nach BGB. 894, 895 RG. 54 S. 85; — daneben Zv. zum Zwecke der Auseinandersetzung der Gemeinschaft 180 ff.;

keine Zv. in Anteil eines Miterben an zu ungeteiltem Nachlaß gehörigem Grundstück SeuffA. 56 Nr. 22;

reeller Teil des Grundstücks, Zv., wenn Sonderbelastung auf nach BGB. 890 Abs. 1 zu Ganzem vereinigten Teilen oder wenn es anderem nach BGB. 890 Abs. 2 als Bestandteil zugeschrieben, ob sonst zulässig, sehr bestritten!

Stockwerkseigentum EGzBGB. Art. 131, 182, BayUebergG. v. 9. Juni 1899 Art. 42;

Gläubiger, der Recht auf ganzes Grundstück, kann bei Vorhandensein von Bruchteilseigentum jeden Bruchteil in Anspruch nehmen RG. 20 S. 270;

c) Familienfideikommisse, Lehen, Erbgüter E. 2. EGzBGB. Art. 3, 59—61; BAG. Art. 34—36 Mitteilung an Fideikommißgericht; WAG. Art. 280; MecklSchwVO. v. 9. April 1899 §§ 8—14.

d) Berechtigungen, für welche die Vorschriften für Grundstücke gelten CPO. 864, 870; Erbbaurecht BGB. 1017; nach Landesrecht EGzBGB. Art. 63, 67—69, 196; Bergwerkseigentum und Bergwerksanteile, Fischereirecht, Realgewerbeberechtigungen E. 2, PAG. Art. 15—27, BAG. Art. 37—51, SG. 29, SächsVO. v. 19. Juni 1900 § 15, ElsLothAG. 14—25; — preuß. Abfindungsquoten CBlFG. 3 S. 490;

Bahneinheiten CPO. 871, E. 2 Abs. 1, EGzBGB. Art. 112, Preuß. Ges. vom 19. August 1895 und 11. Juni 1902 (GesSamml. 1902 S. 237);

Zv. in badische Almendgutsanteile unzulässig BadRspr. 1903 S. 247;

e) in im Schiffsregister eingetragenes inländisches Schiff 162, CPO. 864, 870 Abs. 2, und ausländisches 171, bei anderen Schiffen: Pfändung nach CPO. 803, von Anteilen (Schiffspart) CPO. 858: — Zv. unzulässig, wenn Schiff segelfertig, Ausnahmen! HGB. 482 (s. auch Anm. 1 und 3 c, Anm. 8 e); Binnenschiffahrtsgesetz § 2. — Zv. eines herrenlosen Schiffes HansGZ. 1900 Hptbl. 232, BuschsZ. 29 S. 242; — keine Bruchteilsversteigerung.

II **Anm. 5. Vollstreckungstitel** CPO. 704—802:

a) **nicht** erforderlich bei Antrag zum Zweck der Aufhebung der Gemeinschaft 181 und des Konkursverwalters 172; — und für Vollstreckungskosten s. II Anm. 14;

b) ist Eigentümer im Konkurs, so nicht Umschreibung oder neuer Titel gegen Konkursverwalter erforderlich HansGZ. Beibl. 1901 S. 280;

c) Vollstreckungsgericht hat nicht die materielle Zulässigkeit der Vollstreckungsklausel zu prüfen Recht 1901 S. 125;

Einwendungen gegen Vollstreckungsklausel: Beschwerde CPO. 732 oder Klage CPO. 768, 767; auch nach angeordneter Zv. Recht 1901 S. 125;

d) bei Grundstück, das zum eingebrachten Gut der Ehefrau, Urteil auf Duldung der Zwangsvollstreckung gegen Mann CPO. 739, SeuffA. 56 Nr. 21, 94; RG. 49 S. 106;

e) besondere Vorschriften s. ElsLothAG. 26, 29, 34—44;

f) liegt nur persönlicher Vollstreckungstitel vor, so genügt dieser nicht, um Zv. aus eingetragenem Recht, z. B. Höchsthypothek, zu betreiben, hiezu Urteil nötig, aus dem klar ersichtlich, daß dinglicher Anspruch aus BGB. 1113 verfolgt: — bestritten! — wichtig für Bildung des geringsten Gebots VII 6, ferner für Verlangen einer Sicherheit 67, Veräußerung nach Beschlagnahme 26, CBlFG. 2 S. 555, 3 S. 429, Schöbel, Praktische Fragen 1904 S. 7; DJZ. 1903 S. 497;

g) Vollstreckungsklausel gegen Reeder, wenn Schiffer, gegen den Vollstreckungstitel lautet, nicht mehr führt und Zustellung nach CPO. 750 Abs. 2 HansGZ. 1900 Hptbl. 127.

II **Anm. 6. Zustellungsnachweis** CPO. 750, 176;

bei Kostenfestsetzungsbeschlüssen, notariellen usf. Urkunden mindestens ein Tag zwischen Zustellung und Anordnung der Versteigerung CPO. 798;

Zustellung nicht erforderlich bei Zv. gegen den Ersteher nach Ausführung des Teilungsplans 133, siehe X Bb;

II **Anm. 7. Eintragung** des Schuldners als Eigentümer:

ist Nichteigentümer eingetragen, so Widerspruchsklage des nicht eingetragenen Eigentümers nach CPO. 771, OLG. 1 S. 329, SeuffA. 55 S 367; — Gläubiger kann Eintragung des Schuldners erwirken GBO. 14, 22 Abs. 2, CPO. 848 Abs. 2, 894, ElsLothZ. 28 S. 486, 568; — auch auf Gesamtgut HansGZ. 1902 Beibl. 287;

erforderlich, daß Schuldner als Eigentümer eingetragen oder Erbe des eingetragenen Eigentümers 17; bei fortgesetzter Gütergemeinschaft HansGZ. 1901 Beibl. 166, 231 289, 307;

Zv. gegen Erben siehe auch CPO. 726, 728 Abs. 2, 747, 778—782, II Anm. 8 a;

Zv. eines auf fremdem Boden stehenden Gebäudes unzulässig BGB. 95, OLG. 2 S. 354;

wenn Gemeinschuldner Grundstücke veräußert hat, Veräußerung durch Konkursverwalter erfolgreich angefochten ist, so braucht nicht erst Rückauflassung an Gemeinschuldner stattfinden RG. in CBlFG. 4 S. 406;

II **Anm. 8. Noch weiter erforderliche Urkunden:**

a) falls Schuldner **Erbe** des eingetragenen Eigentümers: Erbschein oder sonstige Urkunden, z. B. vorliegendes Testament OLG. 6 S. 434, wenn nicht offenkundig 17 Abs. 3;

b) in Preußen („soll"): neuester Auszug aus Grundsteuermutter- und Gebäudesteuerrolle, soweit nach Lage der Rollen möglich, in Hohenzollernschen Landen: Auszug aus Besitz- und Steuerheft des Schuldners E. 5, PAG. Art. 4; s. XIII A Anm. 4; Recht 1902 S. 398;

in Bayern („soll"): Versteigerungsbeamte den Eigentümer zur Vorlegung eines Auszugs aus dem Grundsteuerkataster veranlassen und sich, soweit nötig, beim Rentamt vergewissern, daß Auszug dem neuesten Stand entspricht, bei Weigerung des Eigentümers Auszug direkt erholen; ferner Brandversicherungssumme ermitteln. BayBek. v. 31. III. 1905 § 3 (JMBl. 1905 S. 588);

c) bei Bergwerkseigentum usf. PAG. Art. 18, 24, 25, ElsLothAG. 18, 22.

d) bei Gemeinschaftsteilung (s. II Anm. 3 c) 181 Abs. 2, 3.

e) bei Schiffen: Zeugnis über Eintragung im Schiffsregister 164, 163 Abs. 2 (s. II Anm. 1, 3 c, 4 e), HansGZ. 1900 Hptbl. 229.

II Anm. 9. s. Anm. 7, BayBek. v. 27. Februar 1905 § 557 (JMBl. S. 365).

II Anm. 10. auch **mehrere** Grundstücke in demselben Verfahren s. unten XII, vgl. auch II Anm. 4; — bei Zv. eines ideellen Teils Bezeichnung der Quote OLG. 2 S. 87;

II Anm. 11. für einzelne Forderungen Zv. **unzulässig**: z. B. für Geldstrafen wegen Hinterziehung der Wechselstempelsteuer Ges. v. 15. Juni 1869 § 15, wegen Zuwiderhandlung gegen das Reichsstempelgesetz v. 14. Juni 1900 § 47; ferner PreußGKG. v. 25. Juni 1895 § 16 Abs. 2, Preuß. Gesetz betr. Erbschaftssteuer v. 24. Mai 1891 § 47; — doch Zwangsverwaltung s. XIII A Anm. 2; s. ferner PAG. Art. 13; SAG. 27 Abs. 2 und AGzCPO. v. 20. Juni 1900 § 7; WAG. Art. 280, 281;

nach Zahlung der Hauptsache Zv. wegen Kosten ohne neuen Vollstreckungstitel HansGZ. 1901 Beibl. 160.

II Anm. 12. falls Anwesen bereits beschlagnahmt, trotzdem Antrag auf Anordnung der Zv., 27, Gericht beschließt **Beitritt** s. III a;

Antrag dieselben Voraussetzungen wie II s. III a Anm. 1; zulässig nach Anordnung der Zv. bis Verkündung des Zuschlagbeschlusses 27, s. III a Anm. 2.

II Anm. 13. bei **Ablehnung** des Anordnungsbeschlusses (III): sofortige Beschwerde CPO. 793.

II Anm. 14. bez. der **Kosten** der Zwangsvollstreckung CPO. 788, sonst Kostenfestsetzungsbeschluß erforderlich, Zustellung s. II 6, unten III 5; — Anwaltsgebühr für Antrag gehört zu Kosten des § 10 Abs. 2.

III. Beschluß der Anordnung der Zwangsversteigerung.

§§ 19, 20.

Beschluß.[1, 2, 3]

Gesch.Nr. ......

Auf Antrag[4] des .... in ...., Gläubigers, (event. vertreten durch Rechtsanwalt ....) gegen den .... in ...., Schuldner wird zugunsten des dem Gläubiger laut vollstreckbarer, mit Zustellungsnachweis versehener Urkunde des Notariats .... vom .... G.R. Nr. .... (oder Urteils des ...... gerichts vom ....) gegen Schuldner .... zustehenden Anspruchs im Betrag von .... Mark nebst .... Zinsen[5] hieraus seit .... die **Zwangsversteigerung** des auf den Namen des [6] im (diesgerichtlichen) Grundbuch für .... Band ...... Blatt Nr. ...... eingetragenen, in ...., Gemeinde ...., ...amts (Kreis) ...... gelegenen Grundstücks[7, 8] Plannummer .... zu ....ha angeordnet.

[Dieser Beschluß gilt zugunsten des Gläubigers .... als Beschlagnahme des Grundstückes.[9]]

(in Bayern, Württemberg usf.[10]) Dem Notariat .... (Kommissär) wird die Ausführung der Versteigerung übertragen. Das Grundbuchamt des Amtsgerichts .... wird um Eintragung dieser Anordnung ersucht.[11]

.... den ....

Amtsgericht[12, 13, 14] ....

Anmerkungen zu III:

III Anm. 1. Beschluß nur erlassen, wenn alle Voraussetzungen des Antrags (II) erfüllt OLG. 6 S. 434, s. hiezu CBlFG. 4 S. 355; II Anm. 2;

ist bereits Zv. angeordnet, so Anordnung der Zulassung des Beitritts III a;

in Bayern als „zweckmäßig" empfohlen, Beteiligte zu fragen, ob Rechte am Grundstück, die nicht im Grundbuch eingetragen usf. BayBek. v. 31. März 1905 § 3 (JMBl. 1905 S. 588).

III Anm. 2. **Beschwerde** gegen Beschluß 95, OLG. 3 S. 47; VI 9, zuerst Einwendungen nach CPO. 766, DJZ. 1901 S. 312; nur von Gläubiger oder Schuldner ElsLothNotZ. 23 S. 79, 28 S. 338; gegen ablehnenden Beschluß s. II Anm. 13;

bei Anordnung der Zv. eines Schiffes Rechtsmittel nach CPO. 766, 767, 771, Recht 1901 S. 472.

III Anm. 3. **Zustellungen** durch Gerichtsschreiber von Amts wegen (nach CPO. 208—213) 3, WV. 3, 5, BayBek. v. 31. März 1905 § 1 (JMBl. 1905 S. 587); durch Notar als Versteigerungsbeamten BayGeschOfNot. v. 24. Dezember 1899 (JMBl. 1899 S. 591);

a) an **Gläubiger** 3, falls vertreten, an seinen Bevollmächtigten CPO. 176—178;

zulässig Zustellung durch Aufgabe zur Post („Einschreiben"), wenn Adressat nicht am Orte oder im Bezirk des Vollstreckungsgerichts und nicht Anzeige der Bestellung eines Prozeß- oder Zustellungsbevollmächtigten bei Vollstreckungsgericht oder Grundbuchamt 4, 19 Abs. 2, CPO. 171—175, 192, BayBek. v. 31. März 1905 § 1 Abs. 2 (JMBl. 1905 S. 587); — Zustellung auf unrichtige Mitteilung des Grundbuchamts, unzulässig OLG. 4 S. 375; — ist Wohnort des Adressaten unbekannt oder „zur Post" aufgegebene Zustellung unbestellbar, so **Zustellungsvertreter** — vom Gericht bestellen durch an Vertreter zuzustellenden Beschluß 6, SächsVO. v. 19. Juni 1900 § 1 (GuVBl. S. 319), WV. 4; — diesem, solange Adressat nicht ermittelt, zustellen 7 Abs. 1; — Zustellungsvertreter zur Ermittlung und Benachrichtigung des Vertretenen verpflichtet; — Vergütung und Auslagen vom Gericht festsetzen 7 Abs. 2 (PreußGebO. Art. 14, GebO. § 89), sofortige Beschwerde CPO. 793, vollstreckbar gegen Vertretenen CPO. 794 Nr. 3; — für Auslagen (nicht Vergütung) subsidiäre Haftung des Gläubigers, dies Kosten der Rechtsverfolgung 7 Abs. 3, 10 Abs. 2, 12 Nr. 1; — auch für unbekannte Erben eines verstorbenen Hypothekengläubigers ist Zustellungsvertreter zu bestellen Recht 7 S. 507, CBlFG. 4 S. 416; — als Zustellungsvertreter kann, wenn andere zur Uebernahme bereite und geeignete Person nicht vorhanden, mit Genehmigung des Amtsgerichtsvorstands Gerichtsschreiber oder stellvertretender Gerichtsschreiber bestellt werden BayBek. vom 31. März 1905 § 2 (JMBl. 1905 S. 588);

nicht notwendig Bestellung eines Zustellungsvertreters bei Anordnung der Zustellung für nicht prozeßfähige Personen an Vormundschaftsbehörde, für juristische Personen oder Vereine mit Rechtsfähigkeit an staatliche Aufsichtsbehörde 6 Abs. 3, HansGZ. 1900 Beibl. 187, für Bayern s. Steiner S. 26.

b) an **Schuldner**:

Beschluß III und III a nur nach Vorschriften CPO. von Amts wegen zustellen! also nicht durch Aufgabe zur Post nach 4, 5 oder Zustellungsvertreter nach 6, 7, 8, siehe auch 22, 43 Abs. 2, 44 Abs. 2, WV. 5; KGBl. 1902 S. 21; BayBek. v. 31. März 1905 § 1 Abs. 2 (JMBl. 1905 S. 588);

bei Anordnung auf Antrag des Konkursverwalters an diesen, nicht an Gemeinschuldner 172;

c) bei Zv. in Bergwerkseigentum usf. PAG. Art. 24 Abs. 2, eines Pfarr- oder Schulhauses (Mitteilung des Beschlusses an vorgesetzte Dienstbehörde des Schuldners) Preuß. AllgVerf. v. 9. Dezember 1899 (JMBl. S. 802).

III Anm. 4: Beschluß nur auf Antrag (s. II) 15.

III Anm. 5. **Kosten** der Kündigung und der Befriedigung aus Grundstück bezweckenden Rechtsverfolgung brauchen nicht erwähnt werden 10 Abs. 2, wohl aber Kosten eines vorhergehenden Rechtstreits usf. auf Grund Vollstreckungstitels;

soweit Antrag ohne Vollstreckungstitel zulässig (s. II Anm. 5a) bleibt Passus weg.

III Anm. 6. „oder dessen Erblasser" s. II Anm. 8a.

III Anm. 7. Umfang der Beschlagnahme:

— vgl. Umfang des Gegenstands der Versteigerung VII 7a;
Wirkung der Beschlagnahme, nachträgliche Verfügung s. III Anm. 9; —

A. **Grundstück** 20, CPO. 865, Bruchteile, Schiffe usf. s. oben II Anm. 4;

B. Gegenstände, auf welche sich **Hypothek erstreckt** 20 Abs. 2, 21, BGB. 1120—1131; — bei Zwangsverwaltung XIII B 4; — vgl. auch BayGes. v. 20. Dezember 1901 Art. 1 Nr. 5; — doch Verfügung des Schuldners über einzelne bewegliche Sachen innerhalb Grenzen ordnungsmäßiger Wirtschaft 23 Abs. 1, 24, II Anm. 9 c β; — Sonderversteigerung 65, 107; s. VII 7a, XI B 7d, C 1; — gegen Beschluß, daß im Grundstück befindliche Inventar mit zur Zv., keine Beschwerde zulässig SächsOLG. 23 S. 557, CBlFG 4 S. 287;

im einzelnen Ausnahmen, s. auch EGzBGB. Art. 192, RG. 46 S. 171, 47 S. 198, 50 S. 72, 55 S. 289;

a) vom Grund noch ungetrennte **Bestandteile**:

wesentliche, d. s. die von Hauptsache nicht ohne Zerstörung oder Veränderung im Wesen zu trennende, festverbundene oder zur Herstellung des Gebäudes eingefügte Sachen BGB. 93, 94, OLG. 6 S. 215, RG. in JW. 1904 Beil. 1 S. 4, S. 5 S. 125; — jedoch nicht, soweit nur zu vorübergehendem Zweck BGB. 95; und nicht Gebäude oder Werk, das in Ausübung dinglichen Rechts mit fremdem Grundstück verbunden BGB. 95; — die wesentlichen Bestandteile können nicht Gegenstand besonderer Rechte sein BGB. 93, also Eigentumsvorbehalt an ihnen wirkungslos; — wesentliche Bestandteile: Oefen OLG. 3 S. 341, elektrische Leitungen RG. 48 S. 267, Fabrikmaschinen RG. 50 S. 241;

ferner nicht wesentliche Bestandteile, Rechte, die mit Eigentum am Grundstück verbunden BGB. 96: Grunddienstbarkeit BGB. 1018, dingliches Vorkaufsrecht, — s. unten VI 5 b —, Reallast zugunsten des jeweiligen Eigentümers BGB. 1094, 1105, dagegen nicht Ansprüche auf wiederkehrende Leistungen hieraus 21 Abs. 2; — Ueberbau- und Notwegsrente BGB. 912, 917;

Grundstück als Bestandteil eines andern BGB. 890 Abs. 2, BayBek. v. 27. Februar 1905 § 333 (BayJMBl. 1905 S. 242);

b) im einzelnen:

α) land- und forstwirtschaftliche Erzeugnisse und Forderung aus Versicherung derselben **nur** soweit noch mit Boden verbunden oder Grundstückszubehör, d. h. zur Wirtschaftsfortführung bis zu der Zeit, zu der gleiche oder ähnliche Erzeugnisse voraussichtlich gewonnen werden, 21 Abs. 1, BGB. 98 Nr. 2;

Recht des Pächters auf Fruchtgenuß durch Beschlagnahme nicht berührt 21 Abs. 3;
Einheimsung der Früchte, Pfändung derselben WürttZ. 45 S. 33;

β) die vom Grundstück getrennten (nicht land- und forstwirtschaftlichen) Erzeugnisse und Bestandteile mit Ausnahme:

αα) solcher, an denen gutgläubiger Eigenbesitz nach BGB. 955;

ββ) solcher, die mit Trennung in Eigentum eines dinglich oder persönlich berechtigten Fruchtziehers BGB. 1120, 954—957;

γγ) solcher, die veräußert und vom Grundstück vor Beschlagnahme entfernt 1121 oder innerhalb ordnungsmäßiger Wirtschaft vorher, aber nicht nur vorübergehend, ohne veräußert zu sein, entfernt sind 1122;

δδ) die bereits gewonnenen Mineralien von Bergwerken PAG. Art. 19.

γ) **Zubehör** des Grundstücks (s. auch α) BGB. 97, 98, CPO. 865, mit Ausnahme der Stücke, die im Eigentum des Pächters, Nutznießers oder Eigenbesitzers 1120 oder deren Zubehöreigenschaft innerhalb ordnungsmäßiger Wirtschaft vor Beschlagnahme aufgehoben 1122 Abs. 3 — kein gewillkürtes Zubehör mehr RG. 55 S. 288, BlfRA. 65 S. 357 — (keine Pfändung durch Gerichtsvollzieher CPO. 865 Abs. 2); — BayGes. v. 20. Dezember 1903 Art. 1 Nr. 5; — RG. 55 S. 281, 53 S. 350; — S. 5 S. 126;

in Bayern: wenn Zubehöreigenschaft vor 1. Januar 1900 getroffen und in das Hypothekenbuch eingetragen, so Wirksamkeit nach § 34 HypGes. S. 5 S. 88;

δ) Beschlagnahme umfaßt **nicht Miet- und Pachtzinse** (Ausnahme von BGB. 1123) BlfRA. 66 S. 409, BayZfR. 1905 S. 162 und Ansprüche aus mit Grundstückseigentum verbundenem Recht auf wiederkehrende Leistungen (Ausnahme von BGB. 1126); diese im Weg der Zwangsverwaltung beschlagnahmen 21 Abs. 2, 148, s. II Anm. 2, VII 7 c; XIII B Anm. 4 b.

ε) **Forderungen aus Versicherung**

αα) des Gebäudes, außer wenn Versicherer ein Monat seit Anzeige des Schadens an Hypothekgläubiger ohne dessen Widerspruch Auszahlung betätigte BGB. 1128 oder wenn versicherter Gegenstand wieder hergestellt oder Ersatz für ihn beschafft ist BGB. 1127 Abs. 2; s. auch RG. in JW. 1904 S. 423;

ββ) eines anderen Gegenstands, auf welchen sich Hypothek erstreckt nur, wenn seit Fälligkeit nicht schon ein Jahr vergangen und zur Zeit der Beschlagnahme nicht schon darüber verfügt wurde BGB. 1127, 1129, — bei Versicherung land- und forstwirtschaftlicher Erzeugnisse s. oben b α; —

bei Beschlagnahme einer Forderung aus Versicherung: auf Antrag des Gläubigers **Zahlungsverbot** des Vollstreckungsgerichts an Drittschuldner, an den Schuldner zu zahlen; — wirksam mit Zustellung, auch einer Pfändungsbenachrichtigung 22 Abs. 2, CPO. 845; Sonderversteigerung 65.

III Anm. 8. Bei Zv. eines **Schiffes** von Amts wegen Anordnung der Bewachung und Verwahrung; — Kostenvorschuß; — 165, 171; s. III Anm. 9 b δ. — Beschwerde OLG. 3 S. 47.

III Anm. 9. Beschlagnahme:

(Umfang s. Anm. 7.)

a) Der Beschluß gilt kraft Gesetzes als Beschlagnahme zugunsten des Gläubigers 20, 23; — es bedarf daher nicht des ausdrücklichen Ausspruchs der Beschlagnahme im Beschluß; vorgeschrieben für Württemberg WV. 10;

Ausnahme: Beschluß nicht als Beschlagnahme:

α) bei Antrag des Konkursverwalters; — doch Eintrag des Versteigerungsvermerks; — Zustellung des Beschlusses an Konkursverwalter bestimmt laufende und rückständige Leistungen und die Gegenstände, auf welche sich Versteigerung erstreckt 173;

Veräußerung von Zubehörstücken PosMSchr. 1904 S. 133; — OLG. 9 S. 383;

β) bei Antrag des Erben 176.

γ) bei Bergwerkseigentum PAG. Art. 26, ElsLothAG. 17, 24.

b) **Wirksamkeit der Beschlagnahme:**

α) mit Zustellung des Beschlusses (III) an Schuldner (s. III 3 b) 22, auch bei beitretenden Gläubiger s. III a Anm. 2;

β) auch sobald Ersuchen um Eintragung des Versteigerungsvermerks dem Grundbuchamt zugeht (s. unten Anm. 11), sofern hierauf Eintragung demnächst erfolgt 22, BadRspr. 1902 S. 153;

γ) bei Beschlagnahme einer Forderung (s. III 7 c ε), sobald sie Drittschuldner bekannt oder Zahlungsverbot ihm zugestellt 22 Abs. 2; — Zahlungsverbot s. XIII B Anm. 4 b ε;

δ) bei Schiffen mit Vollziehung der Anordnung der Bewachung (s. Anm. 8) 165, 171.

c) **Wirkungen der Beschlagnahme:**

relatives Veräußerungsverbot im Sinn BGB. 135 Abs. 1, 136, — 23; — Beschlagnahme keine Sperre OLG. 4 S. 375, Schuldner kann Grundstück weiter belasten oder veräußern, doch sind spätere Verfügungen und Einträge im Grundbuch dem **betreibenden Gläubiger** gegenüber unwirksam 23, S. 4 S. 819, OLG. 4 S. 161, ebenso wirkt auch die vor Konkurseröffnung bewirkte Beschlagnahme gegenüber **Konkursgläubigern** KO. 13; bei Zustimmung der durch Veräußerungsverbot Geschützten zur Eintragung Recht 1904 S. 44;

α) bei Veräußerung des **Grundstücks nach** Beschlagnahme, so, falls Zv. auf Grund eingetragenen Rechts, kein Einfluß auf Fortgang des Verfahrens, auch wenn Erwerber keine Kenntnis von Beschlagnahme, kein neuer Schuldtitel erforderlich 26, neuer Erwerber kann als Beteiligter beigezogen werden 9 Nr. 1, 2;

falls Zv. auf Grund persönlichen Anspruchs, so kann gutgläubiger Erwerber (der nicht Versteigerungsantrag noch Beschlagnahme kennt), falls Versteigerungsvermerk zur Zeit des Erwerbs noch nicht eingetragen, Aufhebung des Verfahrens beantragen 26, CPO. 771, 325 Abs. 3.

β) Schuldner behält Verwaltung und Benutzung innerhalb Grenzen ordnungsmäßiger Wirtschaft 24, RStGB. § 137, BGB. 823 ff., bei Gefährdung s. IV; Verfügung des Konkursverwalters OLG. 9 S. 383;

Schuldner darf über **einzelne** Stücke der beschlagnahmten **beweglichen Sachen** (s. oben Anm. 7 B) innerhalb Grenzen ordnungsmäßiger Wirtschaft verfügen 23 Abs. 1 (Gegenleistung gehört nicht zur Immobiliarmasse); — sonstige Verfügungen (auch durch Zwangsvollstreckung oder Arrest BGB. 135 Abs. 1 Satz 2) gegenüber betreibenden (und Konkurs)gläubigern unwirksam, soweit nicht Erwerber in gutem Glauben; dieser ausgeschlossen, wenn Versteigerungsvermerk eingetragen, wenn Erwerber Kenntnis von Beschlagnahme oder Versteigerungsantrag 23 Abs. 2, BGB. 135 Abs. 2, 892 Abs. 2, 929, 932; — zur Verfügung gestellte und wieder aus Anwesen geschaffte Oefen OLG. 3 S. 341; — Anspruch des Erstehers auf Herausgabe 93; — Einheimsung der Früchte WürttZ. 45 S. 33;

γ) falls nach Beschlagnahme Hypothek erlischt, so kommt sie Gläubiger nur zugute, wenn dieser sie gepfändet hat, sonst geht sie in den gesetzlichen Fällen auf Schuldner über BGB. 1181 ff.;

δ) bei Beschlagnahme eines Schiffes: Wirkung der Beschlagnahme auch gegen Reeder oder Schiffseigner, falls vollstreckbarer Titel auch gegen diese wirksam 166, 171.

d) **Dauer der Beschlagnahme**:

α) bis Herausgabe des Grundstücks an Ersteher nach rechtskräftigem Zuschlag 93, RGSt. 8 S. 113;

β) bis Rücknahme des Versteigerungsantrags 29 (nicht, wenn mehrere Beschlagnahmegläubiger, falls Antrag von einem zurückgenommen);

γ) bis Aufhebung des Verfahrens aus sonstigen Gründen (s. VI 8);

δ) bezüglich einzelner Gegenstände:

αα) bei Zustimmung des Gläubigers BGB. 135 Abs. 2, 185;

ββ) bei Verfügung innerhalb ordnungsmäßiger Wirtschaft (s. oben III 9 c β);

γγ) bei Erwerb durch gutgläubige Dritte 23;

δδ) bei Wiederherstellung des versicherten Gegenstands usf. bezüglich Forderung gegen Versicherer BGB. 1127 Abs. 2.

III Anm. 10. Ausführung der Versteigerung durch **Notar** (Kommissär): E. 13; in Bayern: BAG. Art. 25; Württemberg: WAG. Art. 273, Gemeindebeamter oder Notar als Kommissär, nicht, wenn Vollstreckungsgericht zugleich Grundbuchamt, WB. 10 Nr. 2 und 3, 11, 12; Baden: BadAG. 1 und 2, BadZvVO. v. 4. Mai 1901 § 3, BadRechtspolizeiO. v. 23. November 1899 § 77 (für Versteigerung zum Zweck Aufhebung einer Gemeinschaft nur Notare, doch Uebertragung an Bürgermeister usf. zulässig); Elsaß-Lothringen: ElsLothAG. 1—5; — prozessuale Tätigkeit, Notar an Stelle des Vollstreckungsgerichts BayZfR. 1905 S. 209.

III Anm. 11. bei Beitritt zur Zv. (s. III a) keine Eintragung in das Grundbuch 27; — Ersuchen auch, wenn Vollstreckungsrichter Grundbuchbeamter;

Eintragung in das Grundbuch in II. Abteilung 19:

„Nr. am 190 ..

„Die Zwangsversteigerung des Grundstücks ist durch Beschluß des Amtsgerichts

.... vom .... Nr. angeordnet worden ......

In den Anmerkungen der Abt. II: „Zwangsversteigerung!" BayBek. v. 27. Februar 1905 §§ 365, 367 (BayJMBl. 1905 S. 264); — Grundbuchamt hat nur zu prüfen, ob Vollstreckungsgericht zum Ersuchen gesetzlich befugt GBO. 39;

Wirkung der Eintragung: kein dingliches Recht am Grundstück OLG. 4 S. 375, s. oben Anm. 9 c;

gegen Zwangsversteigerungsvermerk weder Beschwerde noch Widerspruch zulässig Jahrb. der Entsch. des Kammerger. in S. der nicht streitigen Gerichtsbarkeit 26 A S. 77.

Verpflichtungen des Grundbuchamtes: Dasselbe hat

a) nach Eintragung dem Vollstreckungsgericht eine (in Bayern vom Grundbuchrichter) beglaubigte Abschrift des Grundbuchblattes und der Urkunden, auf welche im Grundbuch Bezug genommen, zu erteilen 19 Abs. 2, WV. 13, nach Beendigung des Verfahrens zurückgeben BayBek. v. 31. März 1905 § 9 (JMBl. 1905 S. 591); — bei Zv. von Schiffen aus Schiffsregister 163 Abs. 2;

Zustellungsbevollmächtigte (5, s. III 3 a), Wohnort und Wohnung der eingetragenen Beteiligten (9, s. V Anm. 3) und deren Vertreter, soweit ihm bekannt, zu bezeichnen 19 Abs. 2, WV. 13;

b) die Eintragung des Versteigerungsvermerks dem Vollstreckungsgericht und Eigentümer bekannt zu machen GBO. 55;

c) es empfiehlt sich Mitteilung des Zeitpunktes, an dem Ersuchen ihm zugegangen, an Vollstreckungsgericht 22 Abs. 1.

An das Vollstreckungsgericht

Gesch.Nr.

Auf dem Grundbuchblatt des dem ... gehörigen, in ... gelegenen, im Grundbuch für ... Band ... Blatt=Nr. ... eingetragenen Grundstücks ist auf Grund des am ... mittags ... Uhr hier zugegangenen Ersuchens vom ... in Abt. II Spalte Lasten am ... folgendes eingetragen worden: „Die Zwangsversteigerung des Grundstücks ist durch Beschluß des Amtsgerichts ... vom ... Nr. ... angordnet worden".

Beglaubigte Abschrift des Grundbuchblatts folgt anbei (event. auch der Wohnungsliste, der Zustellungsbevollmächtigten usf.).

III Anm. 12. Vollstreckungsgericht 15, 1; s. oben II Anm. 1.

III Anm. 13.

Kosten: 10 Abs. 2, 12 Nr. 1, BGB. 1118; s. VII, II Teil 6 b α.

III Anm. 14. Anordnung der **Schätzung** s. V 1 c, VI 4.

IIIa. Beschluß der Zulassung des Beitritts

zu der Bv. § 27.

Gesch.Nr.

Beschluß.

Auf Antrag[1] des .... in ...., Gläubigers gegen den ...... in ......, Schuldner wird wegen des dem Antragsteller laut vollstreckbarer, mit Zustellungsnachweis versehener Urkunde des Notariats ...... vom ...... G. RNr. ...... gegen ...... zustehenden Anspruchs im Betrag von ...... Mk. nebst ... Zinsen hieraus seit ...... der **Beitritt**[2] des Antragstellers zu der laut Beschluß des unterfertigten Gerichts vom .... angeordneten Zwangsversteigerung des auf den Namen des .... im (diesgerichtlichen) Grundbuch für .... Band .... Blatt-Nr. .... eingetragenen, in ...., Gemeinde ...., ...amts (Kreis) .... gelegenen Grundstücks[3] Plan-Nr. .... zu .... ha zugelassen.

(Dieser Beschluß gilt zugunsten des Antragstellers als Beschlagnahme des Grundstücks.)[4]

.... den ....

Amtsgericht[5] ....

Anmerkungen zu IIIa.

IIIa. Anm. 1. Antrag hat dieselben Voraussetzungen wie Antrag auf Zv. (II), WürttZ. 45 S. 37; II Anm. 12, doch genügt Verweis auf frühere Vollstreckungsakten, — Nachweis, daß Schuldner z. Zeit des Antrags als Eigentümer eingetragen, erforderlich; — der vom Konkursverwalter betriebenen Zv. kann absonderungsberechtigter Gläubiger nur beitreten, wenn er Vollstreckungstitel für sein Absonderungsrecht (bestritten!) BadRspr. 1903 S. 291.

IIIa. Anm. 2. Anordnung des Beitritts, falls bereits Zv.verfahren angeordnet und noch schwebt, bis zur Verkündung des Zuschlags 27, 89, 90. Beschluß dieselbe Wirkung wie Versteigerungsbeschluß (III), Zustellung wie oben III Anm. 3 an Schuldner und Gläubiger 27 Abs. 2, s. auch 44 Abs. 2; — Wirksamkeit der Beschlagnahme nicht mit Erlaß der den Beitritt zulassenden Anordnung, sondern erst mit deren Zustellung Recht 1904 S. 226, OLG. 9 S. 139.

IIIa. Anm. 3. Identität des Versteigerungsobjektes erforderlich 27.

IIIa. Anm. 4. Anordnung nicht in das Grundbuch eintragen 27.

IIIa. Anm. 5. Kosten s. III Anm. 13.

IV. Antrag bei Gefährdung der ordnungsmäßigen Wirtschaft.

§ 25.

Zum Amtsgericht[1] ....

Antrag[2]

des .... in

Beschlagnahmegläubigers[3]

gegen

den .... in

Beschlagnahmeschuldner

wegen Zwangsversteigerung

hier Abwendung der Gefährdung.

In nebenbezeichneter Sache nehme ich Bezug auf meinen Antrag auf Zwangsversteigerung des Anwesens Plan-Nr. ...... vom .... und stelle, nachdem zu besorgen ist, daß durch das Verhalten des Schuldners, wie anliegende Bestätigung vom .... glaubhaft macht,[4] die ordnungsmäßige Wirtschaft gefährdet wird, weil (z. B. Schuldner Zubehörgegenstände wegschleppt oder sich um die Wirtschaftsführung nicht mehr kümmert), den

Antrag:[5]

Amtsgericht wolle die zur Abwendung der Gefährdung erforderlichen Maßregeln anordnen (z. B. in der Person des .... einen Aufseher zur Bewachung des Grundstücks bestellen oder beschließen, daß sich Schuldner unter Androhung einer Haftstrafe von 14 Tagen für jeden Zuwiderhandlungsfall des Wegschleppens von Zubehörstücken zu enthalten hat).

Unterfertigter erklärt sich bereit, die zur Durchführung der beantragten Sicherheitsmaßregeln erforderlichen Geldbeträge vorzuschießen.[6] [7]

.... den ....

Anmerkungen zu IV:

IV Anm. 1. Vollstreckungsgericht oder Kommissär WV. 14, s. dagegen ElsLothAG. 1 Abs. 2.

IV Anm. 2. nur auf Antrag 25.

IV Anm. 3. Antrag nur vom betreibenden Gläubiger zulässig 25, WV. 14; Rechte der Hypothekgläubiger BGB. 1133—1135; bei Zwangsverwaltung 149.

IV Anm. 4. Glaubhaftmachung CPO. 294; — Verschulden nicht erforderlich, es genügt z. B. auch Unfähigkeit des Schuldners RG. 37 S. 358, OLG. 4 S. 485.

IV Anm. 5. Gericht nicht an Antrag gebunden; kann Gebote unter Strafandrohung erlassen, Verwaltung dem Schuldner entziehen; auch bei Unterlassung der Bebauung von Feldgrundstücken WürttZ. 45 S. 36; — Anhören des Schuldners CPO. 891; RG. 53 S. 181; — Antrag, Grundstücke gegen Brandschaden zu versichern DJZ. 1902 S. 390.

IV Anm. 6. vorgeschossene Beträge sind Kosten der Rechtsverfolgung 10 Abs. 2, 12 Nr. 1.

IV Anm. 7. Schuldner und Gläubiger haben Recht, Einwendungen gegen Beschluß zu erheben nach CPO. 766, dagegen keine Beschwerde 95; — bei Zuwiderhandeln des Schuldners auf Antrag des Gläubigers Festsetzung und Vollstreckung der angedrohten Strafe CPO. 891, RG. 53 S. 181.

V. Bestimmung des Versteigerungstermins.

§§ 37, 38.

Terminsbestimmung.[1, 2, 3]

Gesch.-Nr.

Im Weg der Zwangsvollstreckung[4] soll gemäß Beschluß des Amtsgerichts .... vom .... das im Grundbuch des Amtsgerichts .... für .... Band .... Blatt-Nr. ....[5] zur Zeit der Eintragung des Versteigerungsvermerks auf den Namen des ....[6] eingetragenen, in ...., Gemeinde ...., ...amts (Kreis) .... gelegenen Grundstücks, Bauplatzes, Plannummer .... zu .... ha[5] am .... vormittags .... Uhr[7] durch das unterfertigte Gericht an Gerichtsstelle Zimmer-Nr. .... (oder in den Amtsräumen des unterfertigten Notariats)[8] versteigert werden. Der Versteigerungsvermerk ist am .... in das Grundbuch eingetragen.[9]

Es ergeht hiemit die Aufforderung:[10]

1. Rechte, soweit[11] sie zur Zeit der Eintragung des Versteigerungsvermerkes, das ist ....,[12] aus dem Grundbuch nicht ersichtlich waren,[13] spätestens im Versteigerungstermin vor der Aufforderung zur Abgabe von Geboten anzumelden und, wenn der Gläubiger widerspricht[14], glaubhaft zu machen, widrigenfalls die Rechte bei der Feststellung des geringsten Gebots nicht berücksichtigt und bei der Verteilung des Versteigerungserlöses dem Anspruch des Gläubigers und den übrigen Rechten[14] nachgesetzt[15] werden würden;
2. an diejenigen, welche ein der Versteigerung entgegenstehendes Recht[16] haben, vor der Erteilung des Zuschlags die Aufhebung oder einstweilige Einstellung[17] des Verfahrens herbeizuführen, widrigenfalls für das Recht der Versteigerungserlös an die Stelle des versteigerten Gegenstandes treten würde.[18]

.... den ....

Amtsgericht (Notariat)[19] ....

Anmerkungen zu V:

V Anm. 1. Vor Bestimmung des Versteigerungstermins:

a) „soll" Beschlagnahme der Grundstücke durch Zustellung des Versteigerungsbeschlusses (III Anm. 3) und Eingang der Mitteilungen des Grundbuchamts (III Anm. 11) erfolgt sein 36 Abs. 1;

b) kann in Preußen Gericht die Beteiligten zur Ergänzung der Angaben hören oder Ermittlungen anstellen E. 6, PreußAllgVerf. v. 7. Dezember 1899 (JMBl. S. 790), in Bayern BayBek. v. 31. März 1905 § 3 (JMBl. S. 588).

c) „soll" **Schätzung** stattfinden SG. 24, SächsVO. v. 19. Juni 1900 §§ 3—7, BadAG. 7, HessAG. Art. 8, — „hat" stattzufinden: WAG. Art. 274, WV. 16; BayBek. v. 31. März 1905 § 8, s. im übrigen VI 4;

d) bei durch Brand beschädigtem Grundstück SG. 23, in Bayern BayBek. v. 31. März 1905 § 4 (JMBl. 1905 S. 589).

V Anm. 2. bei Verletzung einer wesentlichen Vorschrift (37): Aufhebung des Termins oder Versagung des Zuschlags 43, 83 Nr. 7, VII 24; sonst Beschwerde gegen Zuschlag (s. VI 7 e) 100.

V Anm. 3.

a) Terminsbestimmung ist **zuzustellen** — III 3 — spätestens zwei Wochen vor Versteigerungstermin 43 Abs. 2, 83 Nr. 1, 84; — Zustellungsregister bayerischer Notare NotGeschO. §§ 53, 203 (JMBl. 1899 S. 608, 662);

α) dem Gläubiger 41, 9 oder dessen Bevollmächtigten CPO. 176—178;

β) dem Schuldner 41, 9, CBlFG. 4 S. 355; s. daselbst auch, daß Gemeinschuldner nicht Beteiligter, wenn Konkursverwalter das Anwesen zur Masse zog; BadRspr. 1903 S. 223;

γ) sonstigen **Beteiligten** — bis zur Erlassung des Anordnungsbeschlusses III nur Gläubiger und Schuldner, anderer Hypothekengläubiger kann gegen diesen Beschluß nicht Beschwerde erheben ElsLothNotZ. 23 S. 79; — nach Erlassung des Anordnungsbeschlusses;

αα) denjenigen, für welche zur Zeit der Eintragung des Versteigerungsvermerks Rechte im Grundbuch eingetragen oder durch Eintragung gesichert: Hypothek, nicht Briefhypothek, aber Sicherungshypothek zur Vollziehung eines Arrestes, Erbbaurecht, Vorkaufsrecht BGB. 512, 1097, 1098, — Dienstbarkeit, Pfandrecht an Hypothek, Verfügungsbeschränkung, Treuhänder BGB. 1189, GO. 44 Abs. 2, Hypothekenbankgesetz v. 13. Juli 1899 §§ 29—34 (RGBl. 1899 S. 384), Gesetz, betr. die gemeinsamen Rechte der Besitzer an Schuldverschreibungen v. 4. Dezember 1899 (RGBl. 1899 S. 691), — Miteigentümer BGB. 1009, 1010; — Pfändungsgläubiger für Eigentümerhypothek und Berichtigungsanspruch RG. 55 S. 378;

ββ) denjenigen, welche anmelden — VI Anm. 5 — und auf Verlangen glaubhaft machen — CPO. 294 —: Recht, das der Zwangsvollstreckung entgegensteht, Recht am Grundstück oder an einem dasselbe belastenden Recht, Anspruch mit Recht auf Befriedigung aus Grundstück, Miet- — Pachtrecht, 19 Abs. 2; Untermieter und -pächter BuschZ. 32 S. 129:

γγ) bei Zv. von Schiffen — II 4 d — auch Berufsgenossenschaft für Unfallversicherung usf. 163 Abs. 3 und Schiffer 166 Abs. 2, 171, Schiffsgläubiger 171 Abs. 2, HGB. 754, 755, 761, 776 ff;

bei Zv. von Bergwerkseigentum usf. Repräsentant oder Grubenvorstand PAG. Art. 16, ElsLothAG. 19;

bez. öffentlicher Lasten SächsVO. v. 19. Juni 1900 § 11 (GuVBl. 1900 S. 319), BayBek. v. 31. März 1905 § 6 (JMBl. S. 589);

vgl. ferner WV. 3, ElsLothAG. 30; bei Brand an Versicherungskammer BayBek. v. 31. März 1905 § 4 (JMBl. 1905 S. 589);

δδ) **nicht** Amtsrichter, den Landgericht zur Anordnung von Zv. angewiesen MecklZ. 22, 53, OLG. 8 S. 9;

b) Terminsbestimmung nach ganzem Inhalt mindestens einmal in das für Gerichtsbekanntmachungen bestimmte **Blatt einrücken** (wesentlich!) mindestens 6 Wochen vor Termin 39

Abs. 1, s. Anm. 7; 39, 43, 83 Nr. 7, 100 Abs. 3; — Anzeiger des Amtsblattes BAG. Art. 5; in Sachsen: Leipziger Zeitung SG. 25, SächsVO. v. 19. Juni 1900 §§ 8, 9; s. ferner WV. 21, 22 Abs. 2 und 3; — so kurz als möglich, keine unnötigen Absätze BayBek. v. 31. März 1905 § 7 (JMBl. 1905 S. 590); — bei Grundstücken von geringem Werte kann bei besonderer Anordnung des Gerichts Einrückung unterbleiben, hier Anheftung an Gerichtstafel 39 Abs. 2, — bei Zv. von inländischen Schiffen auch im Blatt des Heimathafens oder Heimatorts, auch bei geringem Wert 168.

Ersuchschreiben:

(falls mit dem Blatt nicht schon allgemein vereinbart, BayBek. vom 31. März 1905 § 7 Abs. 2 JMBl. S. 590.)

Gesch.Nr. ....

An die Expedition der ....

Im Verfahren zum Zwecke der Zwangsversteigerung des in der Anlage bezeichneten, auf den Namen des .... im Grundbuch eingetragenen Grundstücks wird ersucht, die anliegende Terminsbestimmung sofort einmal aufzunehmen.

Zwischen dem Tag, an dem die Einrückung erfolgt und dem Tag der Versteigerung müssen mindestens sechs Wochen liegen.

Das als Beleg dienende Blatt ist sechs Wochen vor dem Termin hieher abzuliefern; die Gebührenrechnung ist jedenfalls vor dem Versteigerungstermin anher zu senden, da der Anspruch auf Zahlung der Kosten der Einrückung erlischt, wenn ihr Betrag nicht so rechtzeitig mitgeteilt wird, daß er bei Feststellung des geringsten Gebots berücksichtigt werden kann.

..... den ....

Amtsgericht (Notariat)

....

c) Anheftung an **Gerichtstafel** (Ordnungsvorschrift!) 40; — keine Vorschrift über Dauer; — bei sämtlichen Gerichten, falls Bestimmung nach 2 Abs. 2, 40 Abs. 1 Satz 2; — SächsVO. v. 19. Juni 1900 § 10, WV. 20, 23;

d) Anheftung an **Gemeindetafel** (Ordnungsvorschrift!): E. 7, in Bayern BAG. Art. 26; in Württemberg: Ortstafel, auch Ausschellen WV. 22, 23; ebenso in Baden: BadAG. 4; hier stets Angabe der Benennung und Kulturart BayBek. v. 31. März 1905 § 5 (JMBl. 1905 S. 589);

e) sonstige Mitteilung an Behörden, Kassen usf., z. B. Gemeindevorstand, Steuerausschuß, Gemeindekirchenrat usf. siehe PreußAllgVerf. v. 9. Dezember 1899 (JMBl. S. 802), WV. 24, HessAG. Art. 4, ElsLothAG. 7, — in Bayern („soll") dem Rentamt, der Gemeindeverwaltung und bei Brauereigrundstücken dem Hauptzollamte, ferner, soweit bekannt, der Behörde, Kasse oder Anstalt, die öffentliche Lasten, für die Grundstück haftet, erhebt, durch Uebersendung einer Abschrift der Terminsbestimmung Mitteilung gemacht werden BayBek. v. 31. März 1905 § 6 (JMBl. 1905 S. 589), bei Brand der Versicherungskammer das. § 4 Abs. 2 (S. 589).

V **Anm. 4.** **Name des Gläubigers** und dessen Forderung nicht aufnehmen, doch „soll" in der zweiten Woche vor dem Termin den Beteiligten (V Anm. 3) diese Mitteilung gemacht werden 41 Abs. 2, s. auch VI Anm. 2;

bei Beschluß auf Antrag des Konkursverwalters lautet Eingang: „Auf Antrag des .... als Verwalter im Konkursverfahren über das Vermögen des .... wird das im Grundbuch usf." 37 Nr. 3, 174;

„im Weg der Zwangsvollstreckung" ist wesentliche Angabe 37 Nr. 3;

bei Zv. „zum Zwecke der Aufhebung des Miteigentums" usf. statt dessen diese Angabe 180, 172, 176;

V **Anm. 5.** Angabe des Grundbuchblattes und der Größe des Grundstücks nur Ordnungsvorschrift 38; **Bezeichnung des Grundstücks** so, daß kein Zweifel über Identität möglich, ist wesentlich, aber auch genügend 37 Nr. 1; möglichst genau! — strenge Anforderungen an Richtigkeit und Deutlichkeit RG. 57 S. 203, JW. 1904 S. 243; — landesgesetzliche Vorschriften E. 6: in Preußen: Bezeichnung des Grundstücks in Grund-, Gebäudesteuerbücher usf., kurze Angabe über staatlich ermittelten Grundsteuerreinertrag usf., Eigenschaft, Wirtschaftswert, Lage, sonstige für Beurteilung der wirtschaftlichen Bedeutung und des Werts nach Ermessen des Gerichts erhebliche Verhältnisse, soweit zuverlässige oder gerichtsbekannte Tatsachen PreußAllgVerf. v. 7. Dezember 1899 (JMBl. S. 790); — in Sachsen: Angabe der Schätzungssumme SächsVO. v. 19. Juni 1900 § 7 (GuVBl. S. 319); — WB. 18; — bei Zv. von Bergwerkseigentum usf. PAG. Art. 20; — in Bayern: so, wie im Grundbuch bezeichnen; bei Anwesen mit großer Zahl von Grundstücken kann Angabe der Benennung und Kulturart unterbleiben; nach Ermessen des Versteigerungsbeamten auch sonstige Angaben zur näheren Bezeichnung des Anwesens, z. B. kurze Erwähnung, daß Angabe im Grundbuch nicht mit wirklicher Beschaffenheit stimmt BayBek. v. 31. März 1905 § 5 (JMBl. 1905 S. 589);

Bezeichnung des Schiffs nach Schiffsregister („soll") 167 Abs. 1, 171;

Aufführung der mitzuversteigernden Gegenstände (III Anm. 7) unnötig.

V Anm. 6. Bezeichnung des zur Zeit der Eintragung des Versteigerungsvermerks eingetragenen Eigentümers, nur Ordnungsvorschrift 38.

V Anm. 7. Versteigerungstermin, richtige Angabe wesentlich 37 Nr. 2, WB. 17 Abs. 1: mindestens 6 Wochen nach — ersten — Bekanntmachung (V Anm. 3 b) 43 Abs. 1, 83 Nr. 7; — höchstens 6 Monate nach Anberaumung des Termins (Ordnungsvorschrift; — Ausnahme: bei besonderen Gründen) 36 Abs. 2, — (bei Verfahren wegen mehrerer Ansprüche von verschiedenem Rang muß Beschluß nach III oder IIIa zwei Wochen vor Termin zugestellt sein, wenn vorgehender Anspruch der Feststellung des geringsten Gebots zugrunde gelegt werden soll 44 Abs. 2); — in Sachsen bei durch Brand beschädigtem Grundstück SG. 23, SächsVO. v. 19. Juni 1900 § 6;

bei Nichteinhaltung der Fristen s. VI 7 c;

vom Gericht oder Notar (Kommissär) kann schon vor Versteigerungstermin besonderer Termin zu Erörterungen über geringstes Gebot und Versteigerungsbedingungen bestimmt werden 62.

V Anm. 8. Versteigerungsort, Angabe wesentlich 37 Nr. 2;

nach Ermessen des Gerichts oder Notars am Amtssitz oder anderen Ort 36 Abs. 3, BayNotGeschO. v. 24. Dezember 1899 §§ 19, 20 (JMBl. S. 597); WB. 17 Abs. 2—4; — Erinnerungen der Beteiligten gegen Ort nach CPO. 766, 793.

V Anm. 9. 19 Abs. 1, s. III Anm. 11, V Anm. 12.

V Anm. 10. Aufforderung 1 und 2 ist wesentlich 37 Nr. 4 und 5.

V Anm. 11. bezieht sich auf Bestehen, Umfang und Rang.

V Anm. 12. Angabe des Tags der Eintragung des Versteigerungsvermerks nicht vorgeschrieben, aber zweckmäßig.

V Anm. 13. anzumelden (s. im einzelnen VI Anm. 5 b—k) Rechte, die später als Versteigerungsvermerk eingetragen; Rechte, welche ohne Eintragung bestehen; rückständige Zinsen; Kosten der Kündigung und Rechtsverfolgung;

ist durch Landesgesetz bestimmt, daß vor 1. Januar 1900 eingetragene Hypotheken nur auf Grund Anmeldung berücksichtigt, so muß (bindend!) Aufforderung auf Anmeldung der Ansprüche aus diesen Hypotheken ausgedehnt werden E. 8, PAG. Art. 33 (Bezirk Kassel), WB. 19.

V Anm. 14. bei Zv. auf Antrag des Konkursverwalters, zur Aufhebung einer Gemeinschaft, im Fall des § 175: „wenn Antragsteller widerspricht" und „den übrigen Rechten".

V Anm. 15. Androhung des Rechtsnachteils wesentlich 37 Nr. 4; — Nachstehen den übrigen Rechten, also nicht bloß den bei Feststellung des geringsten Gebots berücksichtigten 110, 37 Nr. 4, VerCivSen. nach preuß. Recht RG. 38 S. 316, OLG. 9 S. 140, VI 5b, IX Anm. 6; — Aufforderung bei Zv. eines Schiffes 167 Abs. 2, 171.

V Anm. 16. der Versteigerung **entgegenstehende** Rechte; z. B. Eigentumsanspruch eines Dritten, Veräußerungsverbote BGB. 135, 136, — Rechte des Ehemannes am eingebrachten Gut oder Gesamtgut der Ehefrau — bez. Besitz DJZ. 1902 S. 372, Recht 1903 S. 468; — Recht des Nacherben; Anfechtungsrecht des Konkursverwalters; — auch der mitzuversteigernden Sachen 55 Abs. 2, RG. in JW. 1903 S. 406 Nr. 23; — SeuffA. 58 Nr. 78;

auch noch nach Schluß der Versteigerung bis Zuschlag CBlFG. 4 S. 356; nicht in Betracht ein durch Vormerkung gesicherter Anspruch auf Auflassung CBlFG. 4 S. 258; Eigentumsvormerkung, Widerspruch gegen Eigentum s. Recht 1903 S. 589;

Anmeldung s. VI 5 a, vgl. aber V 17:

V Anm. 17. **Aufhebung** oder **einstweilige** Einstellung des Verfahrens CPO. 769—774; — Vorlage vor Erteilung des Zuschlags erforderlich; — s. auch VII 7 a β;

nicht genügend Anmeldung zum Vollstreckungsgericht oder Notar 55 Abs. 2;

nicht genügend Freigabeerklärung des betreibenden Gläubigers, auch wenn im Versteigerungstermin bekanntgegeben OLG. 8 S. 4; — Entscheidung gegen oder Freigabe durch sämtliche Beteiligte SächsArch. 14 S. 145;

Verfahren s. Schöbel, Prakt. Fragen 1904 S. 33; — bei einstweiliger Einstellung der Zv. in Zubehör bleibt ein Eigentumsvorbehalt gegenüber Beschlagnahme wirksam RG. 50 S. 241.

V Anm. 18. 90—92, nach Auszahlung des Versteigerungserlöses Bereicherungsanspruch an den zuletzt zum Zug Gelangten s. VII 7 a β, VI 5 a; — Wirkung des Rechtsuntergangs infolge Zuschlags nicht, wenn Veröffentlichung des Versteigerungstermins nicht gehörig, z. B. Grundstücke nicht hinreichend bezeichnet RG. in JW. 1904 S. 243, RG. 57 S. 203.

V Anm. 19. E. 13, s. III Anm. 10; — in Bayern: Eintrag in Verzeichnis BayNotGeschO. v. 24. Dezember 1899 § 52 (JMBl. S. 608); — WB. 18 Abs. 2.

VI. Zwischen Terminsbestimmung und Versteigerungstermin.

VI 1. Zustellung und Bekanntmachung der Terminsbestimmung s. V Anm. 3.

VI 2. Formlose **Mitteilung** durch Zusendung, nicht Zustellung in der zweiten Woche vor Termin seitens Versteigerungsgerichts oder -beamten an Beteiligte — an Schuldner unnötig, dagegen an neu eingetretenen Eigentümer und diejenigen, die Rechte noch glaubhaft zu machen haben —: auf wessen Antrag und wegen welcher Ansprüche, ob im Grundbuch eingetragen, mit welchem Rang, Versteigerung erfolgt (Ordnungsvorschrift!) 41 Abs. 2 u. 3, 44, WB. 6; Beschwerde gegen Zuschlag wegen Verletzung dieser Vorschrift nur, wenn Benachrichtigung eine für Festsetzung des geringsten Gebotes erhebliche Unrichtigkeit enthält, nicht, wenn sie ganz unterlassen KGBl. 1903 S. 117.

Gesch.Nr. ....

Im Verfahren zum Zwecke der Zwangsversteigerung des im Grundbuch des Amtsgerichts .... für .... Band .... Blatt-Nr. ...., zur Zeit der Eintragung des Versteigerungsvermerks auf den Namen des .... eingetragenen, in ...., Gemeinde ...., ...amts (Kreis) .... gelegenen Grundstücks Plan-Nr. .... erfolgt in dem auf .... vormittags .... anberaumten Versteigerungstermin nach den bis .... einschließlich dem Schuldner zugestellten Beschlüssen über die Anordnung der Zwangsversteigerung — Zulassung des Beitritts — die Versteigerung auf Antrag des .... wegen eines im Grundbuch Abt. III unter Nr. .... eingetragenen Anspruchs zu .... nebst .... Zinsen seit ....

.... den ....

Amtsgericht ....
(Notariat)

VI 3. **Einsichtnahme** der Mitteilungen des Grundbuchamts (III 11), der Anmeldungen (VI 5), Abschätzungen (VI 4), sonstiger das Grundstück betreffender Nachweise **jedem**, also nicht nur Beteiligten, gestattet 42, BayBek. v. 24. Dezember 1899 §§ 189 ff. (JMBl. S. 658); im übrigen CPO. 299.

VI 4. **Abschätzungen** über Grundstückswert: nach einigen Landesgesetzen stets vorgeschrieben, s. oben V Anm. 1 c; — jeder Beteiligte kann solche einreichen; — erforderlich bei Versteigerung mehrerer Grundstücke, die mit einer dem Anspruch des Gläubigers vorgehenden Gesamthypothek belastet sind, in demselben Verfahren 64, 112, E. 11; s. XII B β, C I 2; PAG. Art. 8, BAG. Art. 29; MecklSchwVO. v. 9. April 1899 § 4, BayBek. v. 31. März 1905 § 8 (JMBl. 1905 S. 590): Feststellung des Werts nach früherem Kaufpreise und Schätzungen, oder Gutachten der verpflichteten Schätzmänner — gegen Feststellung des Werts keine selbständige Beschwerde. —

VI 5. **Anmeldungen:** — glaubhaftmachen auf Verlangen des Gerichts oder Beteiligten 9 Nr. 2, 37 Nr. 4, CPO. 294, WV. 7;

a) eines der **Zwangsvollstreckung,** — auch der mitzuversteigernden beweglichen Sachen — **entgegenstehenden Rechtes;** soweit nicht aus Grundbuch ersichtlich, da sonst 28; — s. V 16;

Anmeldung zulässig bis zur Zuschlagserklärung 9 Abs. 2, 37 Nr. 5, — CBlFG. 4 S. 356;

Folgen der Anmeldung, wenn Recht aus Grundbuch ersichtlich, Aufhebung des Verfahrens oder einstweilige Einstellung unter Fristsetzung zur Hebung des Hindernisses 28, Versagung des Zuschlags 83 Nr. 5, 100; CPO. 771, 769; s. VI 7 h und 8 Anm. 2 a, VII 24; — ist Recht nicht aus Grundbuch ersichtlich, so muß mit Anmeldung Einstellungsbeschluß des Prozeßgerichts vorgelegt werden 37 Nr. 5, V 16, 17; — Folgen der Nichtanmeldung bis zur Zuschlagserteilung: Versteigerungserlös tritt an Stelle des versteigerten Gegenstands, eventuell Bereicherungsanspruch 37 Nr. 5, 90—92, 114, s. VII 7 a β; SeuffA. 58 Nr. 148.

V o r b e m e r k u n g zu b—k: Anmeldung zulässig bis zur Aufforderung zur Abgabe von Geboten (VII 10) im Versteigerungstermin 37 Nr. 4 — später wird geringstes Gebot nicht geändert, doch Aufnahme in Protokoll 114.

b) Anmeldung eines zur Zeit des Eintrags des Versteigerungsvermerks **nicht eingetragenen Rechtes** am Grundstück, das zur Wirksamkeit Eintragung nicht bedarf 9 Nr. 2, 37 Nr. 4, z. B. die zur Zeit des Inkrafttretens des Grundbuchrechts bestehenden Grunddienstbarkeiten, Anmeldung aber nicht erforderlich nach E. 9, ebenso Ueberbau- und Notwegrente, Anmeldung nicht erforderlich nach 52 Abs. 2; ferner zu Unrecht gelöschte Rechte, Rechte, die erst nach Eintrag des Versteigerungsvermerks eingetragen, bei Briefhypothek: gegenwärtiger Inhaber; ferner nach Landesrecht: vor 1. Januar 1900 eingetragene Hypotheken E. 8, PAG. Art. 33, WAG. Art. 275;

Vorkaufsrecht bei Zv. ausgeschlossen BGB. 1098, 512, in Sachsen s. SG. 10—20; — RG. in CBlFG. 4 S. 22;

Anmeldung auf bestimmten Betrag 45, außer bei wiederkehrenden Leistungen, die nicht in Geld bestehen, hier durch Gericht, auch wenn nicht angemeldet, festzu setzen 46;

Folgen der Nichtanmeldung: Nichtberücksichtigen bei Feststellung des geringsten Gebots und Nachsetzen bei Verteilung des Versteigerungserlöses nach Anspruch des Gläubigers und allen übrigen Rechten 37 Nr. 4, 45, 52 Abs. 1, 110, 114, s. IX 6;

Rechtsnachteil hat endgültige materielle Wirkung Recht 1901 S. 624, CBlFG. 4 S. 356, OLG. 3 S. 335;

c) Anmeldung von Rechten, die Befriedigung aus Grundstück gewähren:

α) Anspruch eines die Zwangsverwaltung betreibenden Gläubigers — nicht anderer Personen z. B. des Verwalters — auf Ersatz seiner zur Erhaltung oder nötigen Verbesserung des Grundstücks wirklich verwendeten Ausgaben, wenn Verwaltung bis Zuschlag dauert und Ausgaben nicht aus Nutzungen des Grundstücks erstattet werden können 10 Nr. 1, Abs. 2, 12 Nr. 1, 155, PAG. Art. 12 Abs. 2 und 3, SG. 1;

β) sogenannter „Liedlohn" bei land- und forstwirtschaftlichen Grundstücken, d. i. Lohn, Kostgeld, sonstige Bezüge mit Nebenleistungen, seit letztem Fälligkeitstermin vor Beschlagnahme 13, und aus letztem Jahr, der zum wirtschaftlichen

Betrieb, wenn auch nur vorübergehend eingestellten Personen 10 Nr. 2, Abs. 2, 12 Nr. 1 und 2, bei Bergwerken EGzBGB. Art. 67, 68, PAG. Art. 17 Abs. 1, BAG. Art. 38 Abs. 1, ElsLothAG. 15, PosMSchr. 1900 S. 112;

γ) Ansprüche auf laufende, 13, und aus letzten zwei Jahren, 10 Nr. 3, sowie früher rückständige, 10 Nr. 7, **öffentliche Lasten** des Grundstücks 10 Nr. 3, Abs. 2, 12 Nr. 1; soweit es sich um wiederkehrende, nicht einmalige Leistung handelt SächsOLG. 2 S. 305, JW. 1904 S. 186 Nr. 37, s. dagegen CBlFG. 1902 S. 772; — nach Landesgesetz: in Preußen: PAG. Art. 1—3; insbesondere auch die sogenannten gemeinen Lasten, das sind Abgaben, die aus Kommunal-, Kirchen-, Pfarr-, Schulverband entspringen, aus Verpflichtungen zu öffentlichen Weg-, Wasser-, Uferbauten usf., den öffentlichen Lasten gleich die an Rentenbank oder Tilgungskasse abgetretenen Renten und an Staatskasse zu entrichtende Ablösungsrente usf. RG. in JW. 1902 S. 69; — in Bayern z. B. die auf Grundstück fallenden Steuern, Kreis-, Distrikts-, Gemeindeumlagen, Beiträgen zur öffentlichen Brand- und Hagelversicherung, zu Kosten genossenschaftlicher Be- und Entwässerungsunternehmungen, zur öffentlichen Versicherung des bei landwirtschaftlichen Grundstücken zum Zubehör gehörenden Viehes, Kaminkehrerlöhne BAG. Art. 23, Malzaufschlag E. 4 Abs. 2, BAG. Art. 24, nicht Grundabgaben: — in Sachsen: SG. 2 und 32; — BadAG. 3; — HessAG. Art. 1—3: — MecklSchwVO. v. 9. April 1899 § 1; — ElsLothAG. 6, 16;

Rechtsfolge der Nichtanmeldung wie bei b;

d) Anmeldung des aus dem Grundbuch nicht ersichtlichen **Vorrangs** eines Rechts vor dem Recht des betreibenden Gläubigers 45, BGB. 881;

e) Anmeldung der auf eingetragenes Recht sich gründenden Ansprüche auf Befriedigung aus Grundstück, deren Umfang aus Grundbuch nicht ersichtlich:

α) bei wiederkehrenden, nach Inhalt des Grundbuchs zu entrichtenden Leistungen nur die rückständigen, diese brauchen nicht glaubhaft gemacht, die laufenden nicht angemeldet werden 45 Abs. 2, 114 Abs. 2, 10 Abs. 2, 13 Abs. 1 und 2; s. auch 47; — Festsetzung in Geld durch Gericht 46;

β) Ansprüche auf Nebenleistungen 45, 12 Nr. 2, 10 Abs. 2;

γ) auf Ersatz der Kosten der Kündigung und Rechtsverfolgung 45, 10 Abs. 2, 12 Nr. 1; Kosten der Vollstreckung in bewegliches Vermögen nur in Betracht, wenn Schuldtitel hiefür oder Sicherungshypothek oder Kostenkaution; — jetzt sind Kostenkautionen Höchsthypotheken s. Schöbel, Praktische Fragen 1904 S. 12; Recht 1902 S. 388; DJZ 1901 S. 552; OLG. 3 S. 319; SächsArch. 11 S. 314;

Folge der Nichtanmeldung wie bei b;

f) Anmeldung eines Rechts an einem das Grundstück belastenden Recht, auch wenn letzteres nicht eingetragen, z. B. Nießbrauch an einem zu Unrecht gelöschten Recht (s. oben b) 9 Nr. 2, — Festsetzung in Geld durch Gericht 46;

Folge der Nichtanmeldung wie bei b;

g) Anmeldung eines Miet- oder Pachtrechts, auf Grund dessen Grundstück überlassen ist 9 Nr. 2; — auch Untermiet- und -pachtrecht (Glaubhaftmachung nach BGB. 549) BuschsZ. 32 S. 129;

Folge der Anmeldung: Möglichkeit der Einwirkung auf Feststellung der Versteigerungsbedingungen 57, 59, s. VII 7 e;

h) Anmeldung der Kündigung einer Hypothek, Grund-, Rentenschuld oder einer aus Grundbuch nicht ersichtlichen Tatsache, infolge deren Anspruch vor der Zeit geltend gemacht werden kann, z. B. Fälligkeit wegen nicht pünktlicher Zinszahlung 54; s. VII 7 b β; erforderlich ist Anmeldung der die Fälligkeit begründenden Tatsache SächsOLG. 24 S. 87;

Folge der Nichtanmeldung: Unwirksamkeit gegenüber Ersteher 54;

i) Anmeldung der Rechtshängigkeit eines Anspruchs aus eingetragener Reallast, Hypothek, Grund-, Rentenschuld CPO. 325 Abs. 3; s. VII 7 b β;

Folge der Nichtanmeldung: Unwirksamkeit des Urteils gegen Ersteher CPO. 325 Abs. 3;

k) Anmeldung des Betrags und Grundes der Forderung bei Grund- oder Rentenschuld, für die Schuldner persönlich haftet 53; s. VII 7 b β;

Folge der Nichtanmeldung: keine Schuldübernahme, sondern Bestehenbleiben der persönlichen Haftung des Schuldners, der bei Zahlung Erfüllung vom Ersteher verlangen kann BGB. 812.

VI 6. **Vorbereitungstermin** vor Versteigerungstermin behufs Erörterungen der Beteiligten über geringstes Gebot und Versteigerungsbedingungen 62, WB. 25, endgültige Feststellung aber erst im Versteigerungstermin 66 Abs. 1; — Kosten: 10 Nr. 2; — Ladung nicht vorgeschrieben, Mitteilung des Termins durch Brief zulässig.

VI 7. **Einstweilige Einstellung** des Verfahrens oder Aufhebung oder Verschiebung des Versteigerungstermins.

Beschluß.[a]

Das Verfahren zum Zwecke der Zwangsversteigerung des auf den Namen des .... im Grundbuch des Amtsgerichts .... für .... Band ...... Blatt=Nr. ...... eingetragenen, in ...., Gemeinde ...., ...amts (Kreis) .... gelegenen Grundstücks, Plan=Nr. .... zu ...... ha wird einstweilen eingestellt, weil [b]............................ ....

Der auf den .... anberaumte Termin fällt weg.

.... den ....

Amtsgericht (Notar)[a] ....

Anmerkungen zu VI 7.

VI 7 a. Beschluß zustellen — 3 — 7 — an Schuldner, betreibenden Gläubiger und Dritten, der Anordnung beantragt hat, nach Ermessen des Gerichts auch an andere Beteiligte, — nicht veröffentlichen 32; — Beschwerde s. VI 9;

Beschluß in Bayern, Württemberg, Baden, Elsaß=Lothringen durch Notar (Kommissär) E. 13; s. III 10, mit Ausnahme der Einstellung nach 28 und den Vorschriften der CPO.; s. VI 7 b Nr. g;

Fortsetzung des Verfahrens — bei VI 7 b Nr. a—f, nur auf Antrag des Gläubigers, — innerhalb sechs Monaten, sonst Aufhebung des Verfahrens 31; Ausnahmen: 28 (unten VI 7 b Nr. h), 43 (Aufhebung des Versteigerungstermins e) 76 Abs. 2 (unten d, 3 Monate), CPO. 769 Abs. 2 (unten g), Beschwerde 95; s. VI 9;

neue Terminsbestimmung zustellen und veröffentlichen s. V Anm. 3;

nach Schluß der Versteigerung: nur durch Versagen des Zuschlags 33, 83, 86, 97 ff., OLG. 2 S. 81; — Folge der einstweiligen Einstellung: Erlöschen der Gebote 72 Abs. 3, OLG. 6 S. 430.

VI 7 b. **Gründe** der einstweiligen Einstellung:

a) mit formloser **Bewilligung** des Gläubigers, bis Zuschlag — 72 — möglich; — etwaige Zeitbestimmung unbeachtlich; — bei mehreren betreibenden Gläubigern nur gemeinsame Einstellungsbewilligung; — HansGZ. 1901 Beibl. 229, PosMSchr. 1902 S. 182; — **nur einmal** zulässig, auch wenn gleichzeitig Antrag auf Anberaumung neuen Termins; — neue Bewilligung gilt als Rücknahme des Versteigerungsantrags 30, SeuffA. 56 Nr. 270; — s. VI 8 Anm. 2 d;

b) bei barer **Zahlung** nach Beginn der Versteigerung (VII A 1) bis zur Verkündung des Zuschlags VII 23 seitens des Schuldners oder berechtigten — BGB. 268, 1150 — Dritten an das Vollstreckungsgericht des zur Befriedigung des betreibenden Gläubigers erforderlichen Betrags und sämtlicher Kosten, auch der zur Erhaltung des Grundstückes während Zeit der Zv. erfolgten Aufwendungen 75, WB 27, OLG. 2 S. 511, 4 S. 159, SeuffA. 57 Nr. 54, Recht 1902 S. 23; — bei Zahlung außerhalb des Versteigerungsverfahrens CPO. 767, 769;

c) falls bei Versteigerung **kein Gebot** abgegeben oder sämtliche Gebote erloschen sind 77 Abs. 1, WB. 28, CBlFG. 3 S. 45; bei Ergebnislosigkeit zweiten Termins VI 8 Anm. 2 e; — s. VII 13;

d) falls bei Versteigerung **mehrerer** Grundstücke auf eines oder einige soviel geboten, daß Gläubiger voll **gedeckt;** — Ausnahme! — Fortsetzung, sechsmonatliche Frist des 31 Abs. 2 gilt hier nicht, vielmehr Antrag spätestens 3 Monate nach Verteilungstermin 76; — s. VI 8 Anm. 2d; — bei gesetzwidriger Ausdehnung der Versteigerung: Versagung des Zuschlags weiterer Grundstücke von Amts wegen Recht 1902 S. 486;

e) **Aufhebung des Versteigerungstermins** und Bestimmung eines neuen, wenn Versteigerungsterminsbestimmung nicht 6 Wochen vor Termin oder nicht 2 Wochen vorher Beschluß, auf Grund dessen Versteigerung erfolgen kann, dem Schuldner und allen zur Zeit der Terminsbestimmung bekannten Beteiligten **zugestellt** ist;
außer bei Genehmigung durch die Betreffenden 43, 84 Abs. 2, auch stillschweigend ElsLothNotZ. 1904 S. 260; — s. V Anm. 2 und 7; — Vereinbarung der Abkürzung der 6wöchentlichen Frist unzulässig CBlFG. 1903 S. 102;

f) Bestimmung **neuen Versteigerungtermins**, wenn Beteiligter, dessen Recht durch Zuschlag beeinträchtigt wird, vor Schluß der Verhandlung über Zuschlag solchen beantragt und sich, auf Verlangen gegen Sicherheitsleistung, zum Ersatz des durch Versagung des Zuschlags entstehenden Schadens verpflichtet 85, OLG. 2 S. 81; s. auch VII 23d Anm. 6, BraunschwZ. 1903 S. 132;

g) einstweilige Einstellung auf **Einwendungen** des Schuldners oder Dritter gegen Zv. oder Anspruch; — hierauf bezieht sich 31 nicht; — CPO. 707, 719, 732 Abs. 2, 769, 771, 775, 776, 785, 786, 868; — s. auch VI 8 Anm. 2b; — CBlFG. 4 S. 299 ff.;

h) bei Bekanntwerden eines der Versteigerung oder Fortsetzung des Verfahrens **entgegenstehenden** Rechts — s. VI 5a —: einstweilige Einstellung unter Fristbestimmung zur Hebung des Hindernisses — 31 nicht zur Anwendung — oder Aufhebung des Verfahrens 8, 28, 37 Nr. 5, WB. 15 Abs. 2 und 3; — nicht durch Notar E. 13; — analog auf andere als grundbuchliche wesentliche Mängel anwendbar OLG. 4 S. 375 Anmerkung; — nach Schluß der Versteigerung nur Zuschlagsversagung 33, OLG. 6 S. 430; — s. auch VI 8 Anm. 2a; — keine Einstellung auf Einspruch des Eigenbesitzers Recht 1903 S. 468; — bei Anfechtung der Auflassung durch grundbuchmäßigen Eigentümer ElsLothZ. 26 S. 143; — KGBl. 1902 S. 1;

i) in Sachsen bei durch Brand beschädigten Grundstücken SG. 23, SächsVO. vom 19. Juni 1900 § 6 (GuVBl. S. 319);
in Bayern BayBek. v. 31. März 1905 § 4 (JMB. 1905 S. 589): Termin tunlichst nach Festsetzung der Brandversicherungssumme; event. Mitteilung des Termins an Versicherungskammer oder Aufhebung des Termins.

VI 8. Aufhebung des Verfahrens:

Beschluß.[1]

Das Verfahren zum Zweck der Zwangsversteigerung des auf den Namen des .... im Grundbuch des Amtsgerichts .... für .... Band .... Blatt-Nr. .... eingetragenen, in ...., Gemeinde ...., ...amts (Kreis) .... gelegenen Grundstücks Plan-Nr. ...... zu ...... ha wird in der Erwägung, daß .... (hier folgt einer der Gründe a—e)[2] .... aufgehoben.[3]

(Der auf .... anberaumte Termin fällt weg.)

Das Grundbuchamt .... wird um Löschung des am .... eingetragenen Versteigerungsvermerks ersucht.[4]

.... den ....

Amtsgericht[5] ....

Anmerkungen zu VI 8.

VI 8 Anm. 1. Beschluß **zustellen** — nach 3—7 — dem Schuldner, betreibenden Gläubiger, Dritten, der Anordnung beantragt hat, inzwischen eingetretenen neuen Eigentümer, nach Ermessen des Vollstreckungsgerichts auch anderen Beteiligten 32, 26.

VI 8 Anm. 2. Einzelne Fälle der Aufhebung (Mitteilung durch Notar oder Kommissär an Gericht):

a) bei Bekanntwerden eines der Zv. oder Fortsetzung des Verfahrens entgegenstehenden, aus Grundbuch ersichtlichen Rechts — s. VI 5 a, 7 b, 28, 37 Nr. 5, WV. 15 Abs. 2 und 3; — nach Schluß der Versteigerung s. VI 8 Anm. 3; — wenn Recht nicht aus Grundbuch ersichtlich CPO. 771; — bei Enteignung des ganzen Grundstücks CBlFG. 5 S. 326;

b) bei Einwendungen infolge Urteils oder Beschlusses, insbesondere wenn Zv. unzulässig, z. B. wegen Befriedigung des Gläubigers durch Prozeßgericht CPO. 707, 719, 769, 771, 775, 776, 785, 786, 868; — neben Anordnung des Prozeßgerichts Beschluß des Vollstreckungsgerichts erforderlich;

c) bei (formloser) Zurücknahme des Versteigerungsantrags seitens des Gläubigers, **zulässig** jederzeit bis Zuschlagserteilung 33, OLG. 2 S. 81, SeuffA. 56 Nr. 270; — **außer** das Verfahren wird für anderen Gläubiger fortgesetzt 29, 118 Abs. 2, 129; — **Rück**nahme nur hinsichtlich des ganzen Grundstücks, nicht einzelner Zubehörstücke wirksam OLG. 8 S. 5;

d) bei wiederholter Einstellung des Verfahrens oder Aufhebung des Versteigerungstermins 30, s. VI 7 a, oder wenn nach einstweiliger Einstellung Antrag auf Fortsetzung nicht binnen 6 Monaten gestellt wird 31, s. VI 7 a, b, c, oder bei Versteigerung mehrerer Grundstücke nicht vor Ablauf von 3 Monaten nach Verteilungstermin 76 Abs. 2, VI 7 d;

e) bei Ergebnislosigkeit der Versteigerung, d. h. falls kein Gebot oder abgegebene Gebote erloschen, im zweiten Versteigerungstermin, jedoch auf Antrag — vor Zustellung des Aufhebungsbeschlusses — Fortsetzung als Zwangsverwaltung 77 Abs. 2, XIII B 4 b.

VI 8 Anm. 3. nach Schluß der Versteigerung: Versagung des Zuschlags 33, 83, 86, 97 ff., hiemit Beschlagnahme in Wegfall; s. VII 24.

VI 8 Anm. 4. 34, Grundbuchamt hat Löschung dem Vollstreckungsgericht und Eigentümer bekannt zu geben GBO. 55.

VI 8 Anm. 5. nur Gericht zuständig E. 13, WV. 15;

Beschwerde 95, s. VI 9.

VI 9. Beschwerde gegen Entscheidungen **vor** Beschluß über Zuschlag nur zulässig, soweit Entscheidung Anordnung, Aufhebung, einstweilige Einstellung oder Fortsetzung des Verfahrens betrifft 95, in diesen Fällen zunächst Antrag auf Aufhebung an Vollstreckungsgericht CPO. 766, PosMSchr. 1904 Nr. 6 —, dann erst sofortige Beschwerde CPO. 577; — Beschwerde z. B. **nicht zulässig** gegen Ablehnung des Antrags des Konkursverwalters, Inventar nicht mitzuversteigern SeuffA. 56 Nr. 41; — sonst nur zugleich mit Beschwerde gegen Zuschlag 96 ff., s. VII 23 d Anm. 17;

gegen Entscheidungen **nach** Beschlußfassung über Zuschlag sofortige Beschwerde nach CPO. 793, s. VII 23 d Anm. 17.

VII. Versteigerungstermin.

§§ 66, 73, 74, 87.

Inhaltsverzeichnis:

VII I. Teil: **Protokoll** 78, 80, CPO. 159—164; in Bayern, Württemberg, Baden, Elsaß-Lothringen vom Notar, Kommissär E. 13, s. III Anm. 10; — nach Beendigung der notariellen Tätigkeit an Vollstreckungsgericht BayBek. v. 24. Dezember 1899 § 227 Abs. 3 (JMBl. S. 634); — äußere Form: BayBek. v. 24. Dezember 1899 (JMBl. S. 634) §§ 118 ff., 227; WB. 29, 30.

a) Ueberschrift: „Versteigerung" und Geschäftsregisternummer GRNr. BayBek. v. 24. Dezember 1899 §§ 156, 157, 52.

b) Bezeichnung des Ortes — Amtsstelle oder sonstigen Orts — und der Zeit — Jahr, Monat, Tag, Stunde BayBek. vom 24. Dezember 1899 §§ 153, 154, BayNotG. Art. 25, WB. 30 Abs. 2 Nr. 1.

c) Bezeichnung der beurkundenden Person: Amtsgericht und Gerichtsschreiber oder Notar CPO. 159 Nr. 2, BayBek. v. 24. Dezember 1899 § 161 Nr. 2, WB. 30 Abs. 2 Nr. 2.

d) Bezeichnung der Zwangsvollstreckungssache unter Angabe des betreibenden Gläubigers, Schuldners und Grundstückseigentümers WB. 30 Nr. 3, dagegen keine Feststellung der mitzuversteigernden Gegenstände CBlFG. 4 S. 288.

e) die „nach Aufruf der Sache" erschienenen Beteiligten (s. V 3 a γ, nicht etwaige Kauflustige) 88, BayBek. v. 24. Dezember 1899 § 161 Nr. 1, WB. 30 Nr. 4; — bezüglich Identität BayBek. §§ 75 ff., 164; — Bieter, die am Gebote nicht gebunden, z. B. wenn überboten, nicht aufführen BayBek. § 223 Nr. 1.

f) **Sachdarstellung** CPO. 160, BayBek. § 161 Nr. 3, WB. 30 Abs. 2 Nr. 5—8, Abs. 3—5: es **müssen protokolliert** werden die Vorgänge, die für Entscheid über den Zuschlag oder für das Recht eines Beteiligten in Betracht kommen, Sachverhältnis mit Anträgen, falls streitig, ob und für welches Gebot Zuschlag zu erteilen 78, 80, RG. v. 16. September 1903 in JDR. II S. 377;

s. auch VII, II. Teil, insbes. 23 Anm. 1, 17, 24.

GRNr.

Amtsgericht
(Notariat)

Anwesend:

Amtsrichter
Gerichtsschreiber
(oder Notar).

Versteigerung.

den

Im Verfahren zum Zwecke der Zwangsversteigerung des auf den Namen des im Grundbuch des Amtsgerichts für Band Blatt-Nr. eingetragenen, in , Gemeinde amts (Kreis) gelegenen Grundstücks, Plan-Nr. zu ha erschienen in dem auf heute, vormittags anberaumten Versteigerungstermin vor dem Amtsgericht (dem Notariat) an Amtsstelle nach Aufruf der Sache folgende Beteiligte:

1.
2.
3.

Den Erschienenen wurden die das Grundstück betreffenden Nachweisungen bekanntgegeben und zur Einsicht vorgelegt. Ferner wurde bekanntgemacht, daß die Zwangsversteigerung betrieben wird auf Antrag des in wegen eines im Grundbuch (nicht) eingetragenen Anspruchs zu Mk. nebst Zinsen hieraus seit , ferner des in wegen eines im Grundbuch in Abt. III unter Nr. hypothekarisch eingetragenen Anspruchs zu Mk. nebst Zinsen seit (Der wegen des letzteren Anspruchs ergangene Beschluß wurde dem Schuldner erst am , also nicht zwei Wochen vor dem heutigen Versteigerungstermin zugestellt.)

Sodann wurde bekanntgegeben, daß die Beschlagnahme des Grundstücks am erfolgte durch Zustellung des Beschlagnahmebeschlusses vom an den Schuldner (s. oben III Anm. 9 b).

Es wurden hierauf die vor dem heutigen Termin und im heutigen Termin bis jetzt erfolgten Anmeldungen, wie folgt, bekanntgegeben (s. oben VI 5).

(Bis hieher s. VII, II Teil A 1—5.)

Hierauf schritt man zur Feststellung des geringsten Gebots. Dasselbe wurde nach Anhörung der anwesenden Beteiligten — mit Hilfe des Rechnungsverständigen — dahin festgestellt

I. Geringstes Gebot.

(Siehe VII, II Teil A 6.)

Das geringste Gebot ergibt sich aus der anliegenden (nachfolgenden) Aufstellung: .... Der bar zu zahlende Teil des geringsten Gebots beträgt sohin im ganzen Mk.

II. Versteigerungsbedingungen.

Als Versteigerungsbedingungen wurden nach Anhörung der anwesenden Beteiligten folgende festgesetzt: (oder: haben die gesetzlichen zu gelten).

(Siehe VII, II. Teil A 7.)

Der durch Zahlung zu berichtigende Betrag des Meistgebots ist vom Zuschlag an mit 4 % zu verzinsen. — Die Kosten des Beschlusses, durch den der Zuschlag erteilt wird, fallen dem Ersteher zur Last.

Folgende bei Feststellung des geringsten Gebots berücksichtigten Rechte bleiben als Teil desselben bestehen:

Das hiernach festgestellte geringste Gebot und die Versteigerungsbedingungen wurden verlesen.

Sodann wurde darauf hingewiesen, daß weitere Anmeldungen bei Vermeidung der Ausschließung jetzt zu erfolgen haben.

(Siehe VII, II. Teil A 8 und A. 9.)

Es erfolgten noch folgende Anmeldungen: (oder keine weiteren Anmeldungen).

(Infolge dessen wurde das geringste Gebot, wie folgt, festgestellt und verlesen. Hierauf wurde nochmals darauf hingewiesen, daß weitere Anmeldungen bei Vermeidung der Ausschließung jetzt zu erfolgen haben. Es erfolgten keine weiteren Anmeldungen.)

(In Bayern: Das Zeugnis des Kgl. Rentamts über die Belastung der Versteigerungsgegenstände mit Bodenzinsen wurde verlesen und diesem Protokoll beigeheftet; s. VII, II Teil A 9 a.)

Um Uhr Minuten erging die Aufforderung zur Abgabe von Geboten.

Hierbei wurde ausdrücklich darauf hingewiesen, daß die abzugebenden Gebote sich nur als Bargebote im Sinne des § 49 ZVG. darstellen, der ganze Betrag des Gebots somit durch Barzahlung zu tilgen ist und **daneben** die oben aufgeführten Rechte zu übernehmen sind.

(Siehe VII, II. Teil B 10.)

Es wurden hierauf Mark geboten. Nach mehreren Zwischengeboten blieb .... in .... mit dem Gebot des durch Zahlung zu berichtigenden Betrags von Mark Meistbietender.

(Siehe VII, II. Teil B 11.)

(Der Gläubiger B verlangte gemäß § 67 ZVG. von .... Sicherheitsleistung. Dieses Verlangen wurde in Höhe von Mark durch sofort verkündeten Beschluß für zulässig erklärt. Die Sicherheit wurde dadurch, daß .... den Betrag von .... Mark bar erlegte, geleistet und zugelassen.)

(Siehe VII, II. Teil B 12.)

Es erging die Aufforderung, noch weitere Gebote abzugeben (s. VII, II. Teil B 15), doch wurde kein weiteres Gebot gelegt.

Das letzte Gebot des .... zu .... Mark wurde durch dreimaligen Aufruf verkündet.

(Siehe VII, II. Teil B 16.)

Nachdem seit der Aufforderung zur Abgabe von Geboten mehr als eine Stunde verflossen war, wurde um .... Uhr .... Minuten der Schluß der Versteigerung verkündet.

(Siehe VII, II. Teil B 17.)

Hierauf wurden die anwesenden Beteiligten über den Zuschlag gehört.

(Siehe VII, II. Teil C 18.)

Es wurden folgende Erklärungen (oder: keine) über denselben abgegeben

(Sodann wurden noch nachstehende Erklärungen abgegeben oder Anträge gestellt s. VII, II. Teil C 19—22, z. B. Es beantragte .... Einleitung der gerichtlichen Verwaltung für Rechnung des Erstehers.)

Hierauf wurde folgender Zuschlagsbeschluß verkündet: .... (oder Termin zur Verkündung der Entscheidung über den Zuschlag auf .... vom unterfertigten Gericht Zimmer-Nr. .... oder Notariat bestimmt).

(Siehe VII, II. Teil C 23.)

g) Das Protokoll wurde „vorgelesen, von den Beteiligten genehmigt und eigenhändig unterschrieben" CPO. 162, BayBek. v. 24. Dezember 1899 § 161 Nr. 4, 165, 166, 167, 170, 171 Abs. 2, WB. 30 Abs. 3; — WürttJ. 14 S. 336; — OLG. 5 S. 336;

Bieter brauchen nicht unbedingt zu unterschreiben; Angabe des Grundes, warum Unterschrift unterblieb FGG. § 181, BayBek. §§ 223 Nr. 2, 224;

h) Unterschrift des Amtsrichters und Gerichtsschreibers oder Notars [Name und „K. Notar"] CPO. 163, BayNotG. 25 Abs. 2, BayBek. §§ 155, 163, WB. 30 Abs. 5;

i) Siegel des Gerichts oder Notars (BayBek. § 155);

k) Kostenvermerk PreußGKG. §§ 125, 113, 119, 127, BayBek. § 158.

VII, II. Teil: **Verlauf des Versteigerungstermins** im einzelnen:

A. **Erste Abteilung: Vorbereitung 1—9.**

VII 1. Aufruf der Sache, nicht wesentlich 66; — bei mehreren selbständigen Grundstücken s. XII B.

VII 2. Feststellung der erschienenen Beteiligten s. VII, I. Teil e.

VII 3. Bekanntgabe der das Grundstück betreffenden Nachweisungen: Mitteilungen des Grundbuchamtes (s. III Anm. 11), Abschätzungen (s. VI 4) usf.; — nicht wörtlich verlesen; — zur Einsicht vorlegen 66.

VII 4. Bekanntgabe der das Verfahren betreibenden Gläubiger und deren Ansprüche sowie Zeit der Beschlagnahme (22, 27, s. III Anm. 9 b) 66, wichtig für Feststellung des geringsten Gebots 43 Abs. 2, 44 Abs. 2; — mit Rücksicht auf letztere Vorschriften empfiehlt sich Angabe, ob Beschluß 2 Wochen vor Versteigerungstermin zugestellt.

VII 5. Bekanntgabe der vor Termin oder bis zu diesem Zeitpunkte im Termin erfolgten Anmeldungen (s. VI 5) 66.

VII 6. Feststellung des **geringsten Gebots**; kann schon im Vorbereitungstermin (s. VI 6) vorbereitend festgesetzt sein 62, WV. 25; BAG. Art. 25;

nach Anhörung der anwesenden Beteiligten WV. 25, falls erforderlich unter Zuziehung von Rechnungsverständigen 66:

a) Geringstes Gebot ist dasjenige, durch welches die dem Anspruch des betreibenden Gläubigers **vor**gehenden Rechte, sowie die aus Versteigerungserlös zu entnehmenden Kosten des Verfahrens gedeckt werden; — nur solche Gebote zugelassen, Deckungsprinzip und Uebergangsprinzip 44 Abs. 1 (Ausnahmen s. unter e und i); von Bedeutung, ob dinglicher oder persönlicher Vollstreckungstitel s. II Anm. 5 f.:

es setzt sich aus 2 Teilen zusammen (s. auch VII 7 b), BlfRA. 69 S. 217:

α) aus bar zu deckenden Ansprüchen, ziffermäßig wird es nur hierauf festgestellt 49, nur dieser Betrag wird geboten!

β) aus daneben bestehen bleibenden dinglichen Rechten 52, SeuffA. 56 S. 337, OLG. 4 S. 157, s. aber DJZ. 1900 S. 437 und 1901 S. 435; — Bargebot s. VII 7 b; — RG. 57 S. 213; — wird Gebot, das Vorschriften nicht entspricht, zugelassen, so Versagung des Zuschlags VII 24 und Beschwerde gegen Zuschlag 83 Nr. 1, 100, VII 23 d Anm. 17;

b) es sind bei Feststellung des geringsten Gebots zu decken:

α) zuerst die aus Versteigerungserlös zu deckenden **Kosten** des Verfahrens 44, also insbesondere die Kosten der Bekanntmachungen, Gerichts- und Notariatskosten mit folgenden Ausnahmen, Gebühren der Rechnungsverständigen usf. 109, SächsArch. 11 S. 314;

mit Ausnahme

αα) der Kosten der Anordnung des Verfahrens oder Beitritts eines Gläubigers, diese vom Gläubiger zu tragen und mit Rang seines Hauptanspruchs gegen Masse geltend zu machen 10 Abs. 2, 109, s. III Anm. 13;

ββ) der Kosten des Zuschlags, die Ersteher 58 und Meistbietender 81 Abs. 2 und 3 zu tragen hat 109,

γγ) der Kosten nachträglicher Verteilungsverhandlungen, diese aus nachträglich zu verteilender Masse 109;

(bei Zv. zum Zwecke der Gemeinschaftsaufhebung Kosten des Antragstellers und Miteigentümers nicht vorweg nach 109 aus Versteigerungserlös, sondern nach 10 Abs. 2, 12 Nr. 1;)

reicht Barerlös nicht für die Kosten, so sind diese vom betreibenden Gläubiger zu tragen;

β) die dem Anspruch des betreibenden Gläubigers — bei mehreren s. unten d — **vorgehenden Rechte** 44 — also Anspruch des betreibenden Gläubigers nicht berücksichtigt! ferner Ausnahmen: E. 9, PAG. Art. 6, 22, BAG. Art. 27, s. VII 7 b δ; — jedoch **nur soweit**, als sie zur Zeit der Eintragung des Versteigerungsvermerks aus Grundbuch nach dessen Inhalt ersichtlich **oder** rechtzeitig — zu bestimmtem Betrag angemeldet und ev. glaubhaft gemacht sind 45, 37 Nr. 4, s. im einzelnen VI Anm. 5; Rechte, die nach Beschlagnahme, aber vor Eintragung des Versteigerungsvermerks eingetragen, ohne Anmeldung zu berücksichtigen, die erst später eingetragenen, auch wenn Verfahren nur auf Antrag eines beigetretenen Gläubigers, dessen Beitritt erst nach Eintragung zugelassen, fortgesetzt wird, anzumelden;

Bezeichnung und Feststellung der **einzelnen** Rechte 66; — diese Rechte bestehen — auch solche die nicht auf Zahlung eines Geldbetrags gehen s. c γ, CBlFG. 3 S. 631;

αα) aus den vorgehenden dinglichen Rechten am Grundstück, insbesondere Hypotheken, Grund-, Rentenschulden;

ββ) aus den Ansprüchen nach 10 Nr. 1—3;

γγ) aus den laufenden und letzten 2 Jahren rückständigen (13) Ansprüchen auf wiederkehrende Leistungen aus Rechten am Grundstück, besonders Zinsen und den Kosten der Befriedigung aus Grundstück bezweckender Rechtsverfolgung 10 Nr. 4, Abs. 2, 11 Abs. 1, 12, 45 Abs. 2;

c) Vorschriften, bei Festsetzung des geringsten Gebotes zu beachten:

α) **bedingte** Rechte, — zu denen auch Ansprüche von unbestimmtem Betrag 14, — und **betagte** wie unbedingte berücksichtigen! — außer es wird sofort unzweifelhaft nachgewiesen, daß sie weggefallen 48, — RG. 57 S. 211; — gesetzliche Versteigerungsbedingung 50 Abs. 2; — im Verteilungsverfahren s. dagegen 119, 120, IX 24 d, 31; — Höchst — Kautionshypothek, die betreibendem Gläubiger vorgeht, voll aufnehmen OLG. 5 S. 212, s. VII 7 b γ;

β) Rechte, die durch Eintragung eines **Widerspruchs** — BGB. 899 — oder einer **Vormerkung** gesichert, wie eingetragene Rechte berücksichtigen 48; z. B. Widerspruch gegen zu Unrecht gelöschte Hypothek, Vormerkung zur Sicherung des Anspruchs auf Auflassung; s. auch CBlFG. 4 S. 258; Recht 7 S. 589, JW. 1902 S. 454, RG. 55 S. 270;

γ) bei **regelmäßig wiederkehrenden** Leistungen, d. s. Zinsen, Amortisationsraten, Altenteilsleistungen usf.:

αα) laufende (13), falls nach Inhalt des Grundbuchs zu entrichten, berücksichtigen, auch wenn nicht angemeldet 45 Abs. 2, bis zum Ablauf von 2 Wochen nach Versteigerungstermin berechnen 47; — (bei Verteilung nur bis Tag des Zuschlags berechnen 89, 104):

ββ) solche, die nicht in Geld bestehen, z. B. Altenteilsnaturalleistungen, vom Gericht Geldbetrag festsetzen, auch wenn solcher nicht angemeldet, durch Schätzung 46, CBlFG. 3 S. 631.

δ) nicht regelmäßig wiederkehrende Leistungen, z. B. auf Grund Baulast, mit den Beträgen berücksichtigen, die bis zwei Wochen nach Versteigerungstermin fällig werden, werden sie erst später fällig, so nicht in das geringste Gebot 47 Satz 2;

ε) bei im geringsten Gebot berücksichtigten Rechten, — außer Hypothek, Grund-, Rentenschuld, — also z. B. Erbbaurecht, Reallasten, Dienstbarkeiten, SG. 5, „soll" Betrag, um den sich Grundstückswert bei ihrem Wegfall erhöht, bestimmt werden 51 Abs. 2; — Leibzucht CBlFG. 3 S. 631, E. 9;

ζ) bei Rangänderung s. BGB. 880; bei Rangvorbehalt BGB. 881; die zwischen den tauschenden Rechten eingetragenen Rechte dürfen weder Nachteil noch Vorteil haben; siehe auch Steiner S. 93 ff.

d) bei Zv. wegen **mehrerer** Ansprüche **verschiedenen** Rangs:

Regel: geringstes Gebot so niedrig als möglich, doch darf besser berechtigter Gläubiger hiedurch nicht benachteiligt werden; daher nach Antrag des **vorgehenden** Gläubigers, — falls Versteigerungsbeschluß auf dessen Antrag dem Schuldner zwei Wochen vor Termin zugestellt ist, — 44 Abs. 2; — **ist** vorstehendes Recht nur gegen einen oder einzelne der betreibenden Gläubiger unwirksam, so Bestimmung des geringsten Gebots für jeden gesondert, von den ermittelten das geringste maßgebend Recht 1901 S. 487;

e) Vorschriften **nicht zwingend, abänderbar** nur auf Antrag eines Beteiligten (s. V Anm. 3 a γ) und nur wenn Recht eines anderen Beteiligten nicht beeinträchtigt wird oder dieser zustimmt — keine Form hiefür vorgeschrieben; ist es zweifelhaft, ob Recht durch Abweichung beeinträchtigt, so — ohne besonderen Antrag hierauf — Doppelausgebot 59; — bei Verletzung Versagung des Zuschlags 83 Abs. 1, BayNotZ. 5 S. 49;

f) **Beispiel** für Feststellung des geringsten Gebots:

α) Auszug aus Grundbuchblatt des beschlagnahmten Anwesens des Schuldners X:

Abt. II:

Weggerechtigkeit für Eigentümer des im Grundbuch für .... Band .... Blatt .... eingetragenen Grundstücks.

Abt. III:

1/I. 10000 Mk. 4½ prozentige Darlehensforderung der .... Bank.

2. Widerspruch des N. B. gegen zu Unrecht erfolgte Löschung von 2000 Mk. 5 prozentige Darlehensforderung des N. B, die an zweiter Stelle eingetragen war.

3/II. 10000 Mk. unverzinsliche Kautionshypothek des N. C.

4. Widerspruch des Eigentümers X gegen Höhe der Forderung in Nr. 3/III, soweit sie Betrag von 5000 Mk. übersteigt.

5/III. 1000 Mk. 4 prozentige Darlehensforderung für N. A.
6/III. 500 Mk. Sicherungshypothek des N. D.; — nach Beschlagnahme eingetragen.

β) Angemeldet sind:
vom Gläubiger B.:
100 Mk. nicht aus Grundstücksnutzungen ersetzbare Ausgaben zur Erhaltung des Grundstücks während einer noch schwebenden Zwangsverwaltung,
300 Mk. seit drei Jahren rückständige Zinsen;
vom Fiskus:
100 Mk. rückständiger Malzaufschlag für das letzte Jahr vor Beschlagnahme (in Bayern),
300 Mk. Grundsteuer für die letzten zwei Jahre und das laufende Jahr.

γ) Versteigerung erfolgt auf Antrag des Hypothekgläubigers N. A. (5/III) am 15. August zugunsten der Forderung desselben zu 1000 Mk. nebst 4% Zins vom 15. Juli.

Berechnung des geringsten Gebots.

Es sind **bar** zu zahlen (Bargebot s. VII 7 b):

1.	die Kosten des Verfahrens (49) veranschlagt auf (PreußGKG. §§ 124 ff., 136).	200 Mk.	
2.	Gläubiger B. Ausgaben der Zwangsverwaltung (10 Nr. 1)	100 „	
3.	Fiskus:		
	Malzaufschlag (BAG. Art. 24)	100 „	
	Grundsteuer der letzten 2 Jahre (10 Nr. 3)	200 „	
	laufende Grundsteuer bis 29. August, die 2 Wochen nach Versteigerungstermin 10 Nr. 3, 13, 47	92 „	
4.	laufender Zins der .... Bank, 4½% aus 10000 Mk. vom 1. April — 29. August 10 Nr. 4, 13, 47	186 „	20 Pfg.
5.	laufender Zins des N. B., 5% aus 2000 Mk. vom 1. April bis 29. August 10 Nr. 4, 13, 47, 48	41 „	40 „
	rückständiger Zins von N. B. seit **zwei** Jahren vor 1. April 10 Nr. 4, 13	200 „	
	also geringstes Gebot ziffermäßig	1119 Mk.	60 Pfg.

Ferner sind daneben zu übernehmen:

Hypothek der .... Bank (1/I) 44	10000 Mk.	
„ des N. B. (2) 48	2000 „	
„ „ N. C. (3/II) 14, 48	10000 „	
	22000 Mk.	

endlich ist noch zu übernehmen die Weggerechtigkeit für welche vom Gericht der Betrag, um den sich Wert des Grundstücks bei ihrem Wegfall erhöht, bestimmt wird auf 200 Mk.
bleibt bei Berechnung des geringsten Gebots außer Betracht.

Beträgt nun das Meistgebot	1200 Mk.	
wozu noch die stehen bleibenden Hypotheken und die Weggerechtigkeit kommt, so sind		
hievon bar zu zahlen 49:		
obige	1119 Mk.	60 Pfg.
sowie der das geringste Gebot übersteigende Betrag des Meistgebots (1200—1119 Mk. 60 Pfg.)	80 „	40 „
	1200 Mk.	
ferner übernimmt Ersteher obige Hypotheken zu und die Weggerechtigkeit bleibt bestehen.	22000 Mk.	

Fortsetzung — Teilungsplan — s. unten IX Anm. 22.

g) Beispiele für Berechnung des geringsten Gebots bei Versteigerung mehrerer Grundstücke in demselben Verfahren und bei Gesamthypotheken s. XII B;

für Berechnung des geringsten Gebots im Fall eines Konkurses s. VII 6 i γ; bei der Teilungssubhastation s. VII 6 i ε;

h) bei **Verletzung der Vorschriften** über geringstes Gebot: keine Beschwerde gegen seine Feststellung 95; keine Feststellungsklage RG. in JW. 1902 S. 102 Nr. 53 — sondern Versagung des Zuschlags, außer wenn Beteiligte Feststellung im Terminsprotokoll oder nachträglich durch öffentlich beglaubigte Urkunden genehmigen 83 Nr. 1, 84; und Beschwerde gegen Entscheidung über Zuschlag seitens des Beteiligten, der durch Feststellung des geringsten Gebots benachteiligt 97, 100 Abs. 1, Recht 1901 S. 290; — RG. 54 S. 308; JW. 1905 S. 94; PosMSchr. 1901 S. 16; — Haftung des Versteigerungsbeamten OLG. 5 S. 210;

i) **einzelne** abweichende Fälle:

α) Vorschriften über geringstes Gebot keine Anwendung bei Zv. von Schiffen 169, 171, außer zum Zweck der Gemeinschaftsteilung 182 Abs. 3, s. unten ε;

β) Zv. in Bergwerkseigentum usf. PAG. Art. 27, in sogenannte „verfallene Gebäude“ PAG. Art. 31 Abs. 1, in durch Brand beschädigte SG. 6, in baufällige SG. 33, 34;

γ) im Fall eines Konkurses kann absonderungsberechtigter Gläubiger, für dessen Forderung Gemeinschuldner persönlich haftet — KO. 64 — und dessen Recht vom Konkursverwalter anerkannt ist, bis Schluß der Verhandlung im Versteigerungstermin verlangen, daß nur die seinem Recht vorgehenden und nicht alle an dem Grundstück bestehenden Rechte berücksichtigt werden; — Doppelausgebot; — Zuschlag an höchstes Gebot (bestritten!) 174; ZfR. 4 S. 149, 150; BlfRA. 69 S. 231.

Beispiel: Grundstück des Gemeinschuldners kommt auf Antrag des Konkursverwalters zur Zv.

Kosten: 100 Mk, Hypothek A: 500 Mk., Hypothek des persönlichen Gläubigers B: 500 Mk.;

geringstes Gebot: 100 Mk. neben bestehen bleibenden Hypotheken A zu 500 Mk. und B zu 500 Mk.;

Meistgebot: 120 Mk. nebst 1000 Mk. bestehen bleibenden Hypotheken, zusammen 1120 Mk.

Nun stellt B Antrag nach 174:

geringstes Gebot: 100 Mk neben bestehen bleibender Hypothek A zu 500 Mk.;

Meistgebot: 180 Mk. nebst 500 Mk. bestehen bleibender Hypothek A zu 500 Mk., zusammen 680 Mk.

Zuschlag an das erste, als das höhere Meistgebot.

δ) bei Zv auf Antrag des **Erben**: Recht des Nachlaßgläubigers, dessen Forderung vom Erben anerkannt und der Recht auf Befriedigung aus Nachlaßgrundstück hat, wie bei γ, 179, 176, 174;

ε) bei Zv. zum Zweck **Aufhebung einer Gemeinschaft,** sog. **Teilungssubhastation**:

Antragsteller hat Recht des betreibenden Gläubigers, die Miteigentümer sind Quasischuldner, s. auch II Anm. 3c;

bei Feststellung des geringsten Gebots sind Rechte am Grundstück, die Anteil des Antragstellers belasten oder mitbelasten und alle Rechte, die einem dieser Rechte vorgehen oder gleichstehen (im Sinne des BGB. 879 nach Rangverhältnis, nicht zeitlich bestritten, s. Recht 1901 S. 157, GruchotsBeitr. 1901 S. 577), — zu berücksichtigen; — Recht auf fremden Anteil unberücksichtigt; — hiernach können also Hypotheken und sonstige Rechte, die auf Anteil der nicht antragstellenden Miteigentümer ruhen, ausfallen, nicht dagegen solche auf Anteil des Antragstellers; — jeder Miteigentümer kann beitreten, sind gleichberechtigt; — Erhöhung des geringsten Gebots um den zur Ausgleichung unter den Miteigentümern erforderlichen Betrag 182, Recht 1901 S. 526, 402, 487, 626; 1902 S. 88, 68, 174; SächsArch. Bd. 12 S. 265; GruchotsBeitr. 1901 S. 333, 584; — Kosten s. VII, II. Teil 6 b α am Schluß;

Beispiele zur Teilungssubhastation:

(Vgl. hiezu Recht 1901 S. 156.)

1. Grundstück steht im Miteigentum A und B je zur Hälfte.

Antragsteller: A.

1/2 Anteil A:		1/2 Anteil B:	
C Hypothek auf ganzem Grundstück:	1000 Mk.	. . . .	1000 Mk.
D „ „ Anteil A:	500 „	E Hypothek zu	100 „

Geringstes Gebot: außer Hypothek C zu 1000 Mk.
„ D zu 500 „ zu übernehmen;
nach 182 Abs. 2 Ausgleich 1500 — 1000 = 500 Mk. zugunsten des B.
Meistgebot: 800 Mk. nebst Uebernahme der Hypotheken C und D;
sonach bar zu zahlen:

Mehrbetrag des Meistgebots über geringstes Gebot (49):		300 Mk.
Erhöhung nach 182 Abs. 2 (49, 180)		500 „
		800 Mk.
Miteigentümer A erhält:		
1/2 des Meistgebots inkl. Wert der Hypotheken		1150 Mk.
Hierauf anrechnen:		
1/2 Hypothek C = 500 Mk.		
Hypothek D = 500 „		1000 „
	somit bar	150 Mk.
B erhält ebenso		1150 Mk.
Hierauf anrechnen 1/2 Hypothek C		500 „
	somit bar	650 Mk.

2. Tritt B dem Verfahren rechtzeitig bei, sind also A und B Antragsteller:

Geringstes Gebot: außer Uebernahme sämtlicher Hypotheken C, D, E zu 1600 Mk.
nach 182 Abs. 2 Ausgleich 1000 Mk. — 600 Mk. = 400 Mk.
Meistgebot: 800 Mk.
Bar zu zahlen: (49) = 400 Mk.
Erhöhung nach 182 Abs. 2 = 400 „
800 Mk.

A erhält:		
1/2 Meistgebot inkl. Wert der Hypotheken =	1200 Mk.	
Hierauf anrechnen: 1/2 Hypothek C = 500 Mk.		
Hypothek D = 500 „	1000 „	
	200 Mk.	bar.
B erhält:	1200 Mk.	
Hierauf 1/2 Hypothek C = 500 Mk.	600 „	
Hypothek E = 100 „	600 Mk.	bar.

3. Beträgt Anteil A 1/3 — Anteil B 2/3 bei gleicher Belastung wie oben unter 1:

Berechnung des Ausgleichs:

1/3 A belastet mit $\frac{1000}{3} + 500 = 833.33$ Mk.; — 2/3 B mit $\frac{2 \cdot 1000}{3} + 100 = 766.67$ Mk.

1/3 A = 833.33 Mk.
1/3 B = 383.33 „
450.— Mk.;

zum Ausgleich also 2/3 = 900 Mk.
Geringstes Gebot — außer Hypothekübernahme: 900 Mk.
Meistgebot „ „ 1000 „
Bar zu zahlen (49): 100 Mk.
(181 Abs. 2): 900 „
1000 Mk.

A erhält 1/3 Meistgebot inkl. Hypothek: 866.66
Hierauf anrechnen 1/3 Hypothek C = 333.33.
Hypothek D = 500.— 833.33
33.33 bar.

B erhält 2/3 Meistgebot inkl. Hypothek = 1733.33.
Hierauf anrechnen 2/3 Hypothek C = 666.66
Hypothek E = 100.— 766.66
966.67 bar.

4. Grundstück steht im Miteigentum A zu 3/10, B zu 3/10, C zu 4/10.
Antragsteller: A.

	Belastung 3/10 A.	3/10 B.	4/10 C.
C Hypothek auf ganzem Grundstück	= 1000 Mk.	1000 Mk.	1000 Mk.
D „ „ Anteil A	= 500 „		
E „		auf Anteil B = 100 Mk.	
F „ auf Anteil A = 400 und gemeinsam correal B 400 „			
G „			auf Anteil C 100 Mk.

3/10 A belastet mit	3/10 B mit	4/10 C mit
300 Mk.	300 Mk.	400 Mk.
500 „	100 „	
200 „	200 „	
1000 Mk.	600 Mk.	

Belastung auf 1/10 berechnet bei A = 333.33 Mk.; bei B = 200 Mk.; bei C = 100 Mk.
somit Ausgleich für B = 3 × (333.33 Mk. — 200) = 400 Mk.
„ C = 4 × (333.33 „ — 100) = 933.32 „

Geringstes Gebot: außer Hypothek C zu 1000 Mk.
„ D „ 500 „
„ E „ 100 „
„ F „ 400 „
nach 182 Abs. 2 Ausgleich 1333.32 Mk.

Meistgebot: 1400 Mk. nebst Uebernahme der Hypotheken C, D, E, F,
sonach bar zu zahlen: (49) = 66.68 Mk.
nach 182 Abs. 2 1333.32 „
1400.— Mk.

Miteigentümer A erhält:
3/10 Meistgebot inkl. Hypotheken = 1020 Mk.
hierauf anrechnen: 3/10 Hypothek C = 300 Mk.
„ D = 500 „
5/10 „ F = 200 „ 1000 Mk.
20 Mk. bar

B erhält:
3/10 = 1020 Mk.
hierauf 3/10 Hypothek C = 300 Mk.
„ E = 100 „
5/10 „ F = 200 „ 600 Mk.
420 Mk. bar

C erhält:
4/10 = 1360 Mk.
hierauf 4/10 Hypothek C = 400 „
960 Mk. bar.

VII 7. **Versteigerungsbedingungen** im Vorbereitungstermin (s. VI 6) 62 oder im Versteigerungstermin festsetzen 66, BAG. Art. 25, WB. 25; — nach Anhörung der anwesenden Beteiligten WB. 25;

Vorschriften nicht zwingend, auf Antrag eines Beteiligten (auch Mieters oder Pächters 9 Nr. 2, 57) **abänderbar**, wie oben beim geringsten Gebot VII 6e, 59; falls abgeändert, im Sitzungsprotokoll 80, CPO. 164, und im Zuschlagsbeschluß aufnehmen, sonst genügt Hinweis auf die gesetzlichen 82;

bei Verletzung der gesetzlichen Vorschriften s. 83 Nr. 1, 84, 97, 100;

durch nur mündliche Erklärung nicht festsetzen RG. v. 16. Dezember 1903 in JDR. II. S. 378;

Gesetzliche Versteigerungsbedingungen:

a) **Umfang** des **Gegenstandes** der Versteigerung: zunächst, da abänderbar, nach den Versteigerungsbedingungen; — soweit diese keine Bestimmung enthalten und soweit nicht etwa **Sonderversteigerung**, die nur, wenn geringstes Gebot erreicht, durch Vollstreckungsgericht angeordnet werden darf 65, 107; CBlFG. 4 S. 288 ff.; — bei Anordnung der Sonderversteigerung zu beachten BGB. 1134, 1135, gegen dieselbe Beschwerderecht nach 83 Nr. 1 oder 5, gegen ablehnenden Beschluß kein Rechtsmittel; s. XI B α, C 1;

α) alle zur Zeit der **Versteigerung** noch **wirksam** beschlagnahmten Gegenstände, s. III Anm. 7, 55, ZdAK. Breslau 16 S. 41:

also insbesondere auch alle wesentlichen Bestandteile, selbst wenn solche durch einstweilige Anordnung des Prozeßgerichts von Zv. ausgeschlossen 90 Abs. 1, RG. in JW. 1902 S. 229 Nr. 1, ferner die — III Anm. 7 einzeln aufgeführten — Gegenstände, auf welche sich Hypothek erstreckt, auch Forderungen aus Versicherung; — auch wenn im Eigentum Dritter s. β;

dagegen nicht die seit Beschlagnahme untergegangenen oder innerhalb ordnungsmäßiger Bewirtschaftung veräußerten beweglichen Sachen 23 Abs. 1, siehe im übrigen, auch bezüglich unwirksamer Verfügungen nach Beschlagnahme III Anm. 9 c β;

β) **alle Zubehörstücke**, die im — nicht bloß vorübergehenden BGB. 97 Abs. 2 — Besitz des Schuldners oder neuen Eigentümers oder Zwangsverwalters — SächsOLG. 25 S. 72, — aber nicht Mieters, Pächters, Nießbrauchers usf. PosMSchr. 1902 S. 8, — zur Zeit des Versteigerungstermins sind, – Besitz des Dritten muß erkennbar sein RG. 49 S. 253, GruchotsBeitr. 46 S. 1035; — auch wenn sie **Dritten** gehören und dieser Verfahren nicht aufheben oder einstellen ließ 37 Nr. 5, Entscheidung gegen oder Freigabe durch sämtliche Beteiligte SächsArch. 14 S. 145; — bloße Anmeldung genügt nicht 55 Abs. 2, RG. 39 S. 293, RG. in JW. 1904 S. 413, ebensowenig Freigabeerklärung OLG. 8 S. 4; — s. V 16–18;

auch wenn Ersteher Eigentum des Dritten kennt, Eigentum nicht erwerben will, wenn sie im Schätzungsverzeichnis nicht erwähnt 55, 90 Abs. 2, RG. 50 S. 68, SächsOLG. 24 S. 228, OLG. 4 S. 373, RG. in JW. 1903 S. 406 Nr. 23 (anders, wenn unrichtig betriebene Zv.verfahren arglistig veranlaßt); — SächsArch. Bd. 14 S. 116; — (keine Anwendung von 55 Abs. 2 auf Zwangsverwaltung OLG. 8 S. 11, XIII B 4 —), — auch wenn Bestandteile fortgeschleppt wurden SächsOLG. 24 S. 237; — doch nur Recht des Beschlagnahmegläubigers, nicht bloßen Hypothekengläubigers, der zugleich Ersteher ist RG. in JDR. II. S. 366;

Beschlagnahme erlischt, wenn Grundstück ohne Zubehör versteigert und Gläubiger volle Deckung fand OLG. 3 S. 337;

Anspruch des Eigentümers des mitversteigerten Zubehörgegenstandes auf Versteigerungserlös 37 Nr. 5, 114, 115;

$$\text{Höhe des Anspruchs} \times = \frac{\text{Meistgebot} \times \text{Wert des Zubehörs}}{\text{Wert des Grundstücks} + \text{Zubehör}}\ ; —$$

nach dessen Auszahlung Bereicherungsanspruch gegen den Gläubiger, der mit Betrag nicht zum Zug gelangt wäre, wenn Eigentümer den Teil des Versteigerungserlöses beansprucht hätte BGB. 812, 816, RG. 40 S. 288, 43 S. 178, Recht 1902 S. 235; Höhe der Bereicherung s. SeuffA. 57 Nr. 143; — doch dürfen die dem betreibenden Gläubiger vorhergehenden und darum im geringsten Gebot berücksichtigten Berechtigten an ihrem berücksichtigten Anspruch nicht gekürzt werden CBlFG. 1902 S. 414;

Zu α **und** β:

Ersteher wird durch den **Zuschlag** — s. VII 23 d Anm 9 a — **Eigentümer** 90; Erwerb erst dann unanfechtbar, wenn Zuschlagsbeschluß rechtskräftig; — Anspruch auf Herausgabe 93; s. VII 23 d Anm. 9 g.

b) **Berichtigung des Meistgebots**: das Meistgebot ist zu entrichten durch Barzahlung (s. α Bargebot) und daneben durch Uebernahme bestehen bleibender Rechte (s. β, γ und δ). (Beispiele s. oben 6 f, g, i γ, i ε.)

α) **Bargebot** ist der Betrag, den Ersteher im Verteilungstermin bar an das Vollstreckungsgericht zu berichtigen hat 49, 107 Abs. 2;

vom Zuschlag an mit 4%, falls nicht anders bestimmt, zu verzinsen 49 Abs. 2;

bei Zv. von Schiffen ist Meistgebot ganz zu zahlen 169, 171;

Ausnahmen von Barberichtigung:

αα) falls anders vereinbart 59;

ββ) falls Ersteher Hinterlegung unter Ausschluß der Rücknahme BGB. 376 Abs. 2 im Verteilungstermin nachweist 49 Abs. 3;

γγ) im Fall außergerichtlichen Verteilungsverfahrens 144, s. XI;

Folge der Nichtberichtigung des Bargebots:

Uebertragung der Forderung gegen Ersteher 118, Eintragung einer Sicherungshypothek 128, 129, s. X A 4, XI C 3;

Zusammensetzung des Bargebots:

αα) Kosten des Verfahrens s. VII 6 b α, 49, 44.

ββ) Ansprüche nach 10 Nr. 1—3, 49, s. im einzelnen VI 5 c α—γ.

γγ) laufende und rückständige wiederkehrende Leistungen und Kosten der Kündigung und der Befriedigung aus Grundstück bezweckenden Rechtsverfolgung 12 Nr. 1 und 2, 10 Abs. 2, 49, s. VII Anm. 6 c γ, OLG. 4 S. 161: Amortisationsquoten RG. 54 S. 27, GruchotsBeitr. 48 S. 767;

δδ) Betrag des Meistgebots, der das geringste Gebot übersteigt 49; — etwaige Verminderung bei Vereinbarung 91 Abs. 3;

doch kann jeder Beteiligte, der Interesse daran hat, — also nicht der, dessen Recht bestehen bleibt, nicht Mieter oder Pächter, — bis Schluß der Zv. verlangen, daß für **diesen** Betrag oder Teil desselben — im Gesetz nicht begrenzte — **Zahlungsfristen** als Versteigerungsbedingung festgestellt werden; Zustimmung anderer Beteiligter nicht erforderlich; — Fristen müssen (zwingend!) mit 4% vom Zuschlag verzinst werden; — bei mehreren Anträgen mit verschiedenen Fristen mehrfache Ausgebote, Zuschlag auf höchstes Gebot 60; WürttZ. 45 S. 226; — bei Zahlungsfristen kann jeder Beteiligte, dessen Recht hiedurch beeinträchtigt, **Doppelausgebot** — mit und ohne Fristen — verlangen; Zuschlag auf Ausgebot mit Fristen nur, wenn Dritter unter sofortiger tatsächlicher Sicherheitsleistung in nach Ermessen des Gerichts zu bestimmender Höhe — 69, 108 — sich verpflichtet, im Verteilungstermin zu zahlen und wenn nach Abrechnung eines von ihm etwa zu bewirkenden Abzugs Meistgebot mit Fristen höher ist als das andere; — Ausnahme von Sicherheitsleistung; — 61, 82, 118, 134, WürttZ. 45 S. 226; Zuschlagsbeschluß s. VII 23 d Anm. 11, 12, 13;

β) sonstige — außer α — bei Feststellung des geringsten Gebots berücksichtigte, — auch vorgemerkte — Rechte bleiben **bestehen** 62; — bezüglich der erloschenen s. γ; — kein Anspruch des Erstehers auf Gewährleistung; — es empfiehlt sich, die bestehen bleibenden Rechte unter den Versteigerungsbedingungen aufzuführen 91 Abs. 1;

Kündigung, — BGB. 1141 —, Fälligkeit, Rechtshängigkeit einer Hypothek, Grund-, Rentenschuld dem **Ersteher** gegenüber nur soweit aus Grundbuch ersichtlich oder angemeldet, — s. VI 5 h, i, — wirksam 54; — Hypothek, die für Ersteher auf Grundstück eingetragen und von ihm mit entsprechendem Teil des bar zu zahlenden Kaufgelds verrechnet ist, verwandelt sich in Grundschuld EntschFG. 2 S. 194;

Schuldübernahme bei **bestehen bleibender** Hypothek, für die Schuldner persönlich haftet, wenn Gläubiger sie genehmigt oder 6 Monate nach schriftlicher Mitteilung des Schuldners Genehmigung nicht verweigert 53 Abs. 1, BGB. 415—418; oder wenn Hypothekgläubiger mit Ersteher Schuldübernahme verabredet BGB. 414, WürttZ. 45 S. 198; — ebenso bei Grund-, Rentenschuld, die bestehen bleiben, bei rechtzeitiger Anmeldung des Betrags und Grundes der Forderung 53 Abs. 2, s. VI 5 k; — BlfRA. 69 S. 218;

bei Reallasten haftet Ersteher nach BGB. 1108 persönlich, BlfRA. 69 S. 223, Recht 1904 S. 402;

γ) **Barzahlung** seitens des Erstehers, — außer dem Bargebot unter α, —

eines bei Feststellung des geringsten Gebots berücksichtigten Rechts — unter Aufrechthaltung der für Hypothek geltenden Bestimmungen über Verzinslichkeit, Zinssatz, Zahlungszeit, — event. Kündigung, bei anderen Rechten, besonders Reallasten Verzinsung des Betrags, um den sich Grundstück bei Wegfall erhöht und der vom Gericht bei Feststellung geringsten Gebots zu bestimmen, seitens Erstehers vom Zuschlag an mit 4% zu verzinsen und 3 Monat nach Kündigung zu zahlen ist 50, 51, — Feststellung im Teilungsplan, wem Betrag zuzuteilen durch Uebertragung der Forderung gegen Ersteher, eventuell unter entsprechender Bedingung 125, s. IX Anm. 18; — Löschung im Grundbuch 130 Abs. 2, s. X A I 5:

αα) falls Recht zur Zeit des Zuschlags nicht besteht, d. h. nicht entstanden oder wieder erloschen ist 50, 51;

dagegen nicht, wenn es nachher zu bestehen aufhört OLG. 5 S. 334; Recht 1902 S. 357;

Höchst- oder **Maximalhypotheken**, — frühere **Kautionshypotheken** RG. 49 S. 162, 52 S. 59 und 411, s. auch BayG. v. 20. Dezember 1903 Art. 1 Nr. 1; — sind unbedingte Hypotheken, — nicht der Betrag, sondern Gläubiger ist unbestimmt, soweit Forderung für Gläubiger nicht entsteht, steht Hypothek dem Eigentümer zu, der sie bestellt hat, — also keine Anwendung von 14, 50 Abs. 2 Nr. 1, 125, — bei Verteilung des Versteigerungserlöses kommt der Betrag, den Gläubiger nicht zu fordern hat, nicht ausfallendem Berechtigten, sondern dem Besteller der Hypothek zu RG. v. 15. Juni 1903, CBlFG. 4 S. 111, 203, 273, 356, 462, RG. 55 S. 217; — GruchotsBeitr. 46 S. 335; — BayZfR. 1905 S. 90.

ββ) oder durch Ausfall der aufschiebenden oder Eintritt der auflösenden Bedingung 14, 48, später wegfällt 50 Abs. 2 Nr. 1, 51; — auch wenn Ausfall nach Zuschlag erst eintritt;

aber nicht aus anderen Gründen, dann Ersteher oder Rechtsnachfolgern desselben zugute OLG. 5 S. 334;

bzgl. Höchsthypothek, die im geringsten Gebot mit Höchstbetrag aufgenommen s. αα;

γγ) oder durch Mithaftung andern Grundstücks auf Grund bestehender Gesamthypothek — BGB. 1173, 1174, 1181, 1182, — später erlischt, außer wenn Ersteher zugleich persönlich für Hypothek haftet, dann Zahlung nur soweit er bereichert 50 Abs. 2 Nr. 2, Abs. 3, 51; — s. XII C II. 4;

Einzelfälle für **Gesamthypothek**: (s. auch ZfR. 4 S. 101):

aa) bei Befriedigung des Gläubigers durch Eigentümer des mitbelasteten Grundstücks oder Uebertragung des Gläubigerrechts auf letzteren oder Vereinigung von Forderung und Schuld in einer Person: so erwirbt Eigentümer des Grundstückes Hypothek an demselben; Hypothek am versteigerten Grundstück erlischt — BGB. 1173 Abs. 1 —: Erhöhung des Barbetrags nach 50 Abs. 1;

außer, wenn Eigentümer des andern Grundstücks Ersatzanspruch gegen Ersteher oder dessen Rechtsvorgänger hat, dann bleibt Hypothek in Höhe des Ersatzanspruchs an versteigertem Grundstück bestehen; — Erhöhung des Barbetrags nur soweit, als Ersatzanspruch hinter Kapitalbetrag der Hypothek zurückbleibt 1173 Abs. 2, 1163 BGB.;

bb) bei Befriedigung des Gesamtgläubigers durch persönlichen Schuldner, so keine Erhöhung nach 50 Abs. 1, wenn letzterer Ersatzanspruch gegen alle mithaftenden Grundstücke oder gegen Eigentümer des versteigerten Grundstücks — soweit Hypothek bestehen bleibt, — oder keinen Ersatzanspruch hat, denn dann erlischt mit Befriedigung Forderung BGB. 362, Gesamthypothek geht auf die Eigentümer der beiden Grundstücke gemeinschaftlich über BGB. 1164 Abs. 1, 1172 Abs. 1, 1174;

cc) bei Verzicht des Gesamthypothekengläubigers oder Ausschluß durch Aufgebotsverfahren — BGB. 1170; —

α) auf Gesamthypothek, so keine Erhöhung nach 50 Abs. 1, da diese Eigentümern der belasteten Grundstücke gemeinschaftlich zufällt, auch nicht, wenn Ersteher nach 1172 Abs. 2 BGB. teilweises Erlöschen herbeiführt 1175 BGB.

β) auf Hypothek an versteigertem Grundstück, so Erhöhung, soweit nicht Ersteher persönlich dem Gesamtgläubiger haftet BGB. 1175 Abs. 1, Satz 2, Abs. 2, 50 Abs. 3;

dd) bei Befriedigung des Gesamtgläubigers aus mithaftendem Grundstück, so Erhöhung nach 50 Abs. 1, wenn nicht dessen Eigentümer vom Ersteher oder Rechtsvorgänger Ersatz verlangen kann, denn dann erlischt Hypothek am versteigerten Grundstück nicht, sondern geht auf Eigentümer des anderen Grundstücks über BGB. 1181, 1182;

δδ) falls Grundstück von neuem versteigert wird, — 129, — ist der zur Deckung der Sicherungshypothek, die für Forderung gegen ersten Ersteher eingetragen, erforderliche Betrag, wenn diese Hypothek in das geringste Gebot fällt, bar zu zahlen 128 Abs. 4; s. VII 23 Anm. 16 b, X A I 4 e;

δ) sonstige dingliche Rechte **erlöschen** — 52 Abs. 1 — durch und mit **Zuschlag** 90, 91; s. VII 23 d Anm. 9 h, BlfRA. 69 S. 226; — insbesondere also Rechte, die dem Anspruch des betreibenden Gläubigers vorgehen, bei Feststellung des geringsten Gebots aber nicht berücksichtigt wurden, das Recht des betreibenden Gläubigers und die diesen gleich — oder nachstehenden Rechte; — (persönliche Rechte mit Ausnahme der Miet- und Pachtverträge 57 nicht berührt OLG. 9 S. 140)

mit folgenden **Ausnahmen** vom Erlöschen der Rechte:

αα) falls andere Bestimmungen in den Versteigerungsbedingungen 91, 59; Zustimmung eines nachstehenden Beteiligten und Schuldners nicht erforderlich 59 Abs. 3; OLG. Bd. 9 S. 378;

ββ) bei **Vereinbarung** zwischen Berechtigtem und Ersteher im Versteigerungs- oder Verteilungstermin oder durch öffentlich beglaubigte Urkunden — BGB. 129 — vor Ersuchen des Grundbuchamts um Berichtigung, soweit es sich um durch Bargebot gedeckte Rechte handelt 91 Abs. 2 und 3, 130;

Folgen: Eintritt in bestehendes Schuldverhältnis, Haftung als persönlicher Schuldner nach BGB. 414, — bestritten s. Recht 1901 S. 280, 258, 202, SächsArch. 12 S. 74, OLG. 9 S. 140; — das alte Pfandrecht bleibt mit dinglicher Wirkung gegen jedermann weiterbestehen, Berechtigter ist zur Intervention nach CPO. 771, 865 und BGB. 1120 befugt PosMSchr. 1904 S. 14, BlfRA. 69 S. 228;

Grundbuchrichter hat Rechtsgültigkeit der Bewilligung von Aenderungen zu prüfen, auch wenn sie zu Protokoll des Vollstreckungsgerichts erklärt OLG. 3 S. 341 Anm. 1; Recht 5 S. 535, 545, BlfRA. 69 S. 229;

ist Ersteher zugleich ein zur Befriedigung aus Barerlös gelangender Hypothekengläubiger, so Aufrechnung oder Erlöschen der Forderung und des hypothekarischen Anspruchs; — Ausnahme; — oder Umwandlung der Hypothek in Eigentümergrundschuld CBlFG. 1902 S. 361;

Vereinbarung bezüglich eines durch Bargebot nicht gedeckten Rechts zulässig, aber außerhalb des Zv.verfahrens, nicht Gegenstand des Ersuchens des Vollstreckungsgerichts, im Rang nach den aus diesem Ersuchen sich ergebenden Rechten CBlFG. 1903 S. 615, BlfRA. 69 S. 226;

Bewertung der Notariatsurkunde in Bayern S. 4 S. 898;

γγ) auch wenn im geringsten Gebot nicht berücksichtigt: Recht auf Rente für Ueberbau oder Notweg — BGB. 912—917 — 52 Abs. 2;

δδ) ebenso nach Landesgesetz: Recht am Grundstück außer Hypothek, das zur Wirksamkeit gegen Dritte der Eintragung nicht bedarf E. 9; — Fortbestehen dieser Rechte ist gesetzliche Versteigerungsbedingung, Erlöschen Ausnahme Recht 5 S. 290, doch muß (zwingend!) auf Verlangen jedes gleich oder besser Berechtigten, der durch Bestehenbleiben benachteiligt, Erlöschen des Rechts als Versteigerungsbedingung bestimmt werden E. 9 Abs. 2;

in Preußen: Rechte nach AG. zum BGB. Art. 22, die im Grundbuch als Leibgeding, Leibzucht, Altenteil oder Auszug eingetragenen Dienstbarkeiten oder Reallasten, ferner von Grunddienstbarkeiten, die Eintragung zur Wirksamkeit gegenüber öffentlichem Glauben nicht bedürfen PAG. Art. 6; — z. B. Weggerechtigkeit OLG. 8 S. 8; — Altenteil OLG. 9 S. 376;

in Bayern: Grundgefälle des Staats und der Ablösungskasse; Grunddienstbarkeiten, die zur Zeit der Anlegung des Grundbuchs nicht bestehen oder als Altenteil usf. eingetragene Dienstbarkeiten oder Reallasten BAG. Art. 27;

ferner SG. 5, 7; WAG. Art. 276; BadAG. 5; HessAG. Art. 5; MecklSchwVO. v. 9. April 1899 § 2; ElsLothAG. 8, — s. auch WürttZ. 45 S. 102:

an Stelle des nicht auf Zahlung eines Kapitals gerichteten erlöschenden Rechts tritt Anspruch auf Ersatz des durch Schätzung — nicht über eingetragenen Höchstbetrag der Haftung — festzustellenden Werts aus Versteigerungserlös 92, BlfRA. 69 S. 218;

bei Erbbaurecht, Dienstbarkeit, Reallast, Nutzungsrecht; bei Nießbrauch, beschränkt persönlicher Dienstbarkeit, Reallast von unbestimmter Dauer, z. B. Altenteil Geldrente 121, bei ablösbaren Rechten bestimmt sich Ersatz durch Ablösungssumme 92, PAG. Art. 35—41, s. IX Anm. 24e;

Löschung 130, 131, s. X A I 3 und 5; Unbrauchbarmachung des Briefes 127; IX 33, 34; — Aufgebot 136.

c) **Uebergang** der Gefahr des **zufälligen Untergangs** — nicht der Verschlechterung, da bei Zv. kein Anspruch auf Gewährleistung, auch nicht wegen Rechtsmängel 56 Satz 3, BGB. 461; außer wenn als Versteigerungsbedingung gesetzt 59; — des Grundstücks mit Zuschlag, — nicht mit Uebergabe; — der Zubehörungen und Forderungen aus Versicherung mit Schluß der Versteigerung 73 Abs. 2, — s. unten Nr. 17, — auf Ersteher 56; — Aenderung 59;

d) **Nutzen** und **Lasten** auf Ersteher vom Zuschlag an 56, 90; — Abänderung 59; — Benützung des Grundstücks durch Konkursverwalter nach Zuschlag RG. in JW. 1903 Beil. S. 101;

e) Einfluß der Zv. auf **Miete** und **Pacht**.

α) Beschlagnahme zum Zwecke Zv. umfaßt nicht Miet- und Pachtzinse 21 Abs. 2, die zu Verfügung des Schuldners bleiben 24, solange sie nicht gepfändet CPO. 828ff. oder im Weg der Zwangsverwaltung beschlagnahmt 148, 151;

β) Miet- und Pachtverträge, die bis Versteigerungstermin nicht vollzogen, für Ersteher bedeutungslos arg. aus 57; kann aber Versteigerungsbedingung werden 59, BGB. 578;

γ) wenn dem Mieter oder Pächter Grundstück am Versteigerungstermin „überlassen", so daß er tatsächliche Gewalt erlangt hat oder zufolge dahin zielender Einigung in der Lage ist, tatsächliche Gewalt auszuüben — BGB. 854 —, so Uebergang des Miet- und Pachtverhältnisses 57; — Eintritt des Erstehers in eine vom Mieter oder Pächter geleistete Sicherheit BGB. 572;

Kündigungsrecht des Erstehers — nicht des Meistbietenden, nicht des Mieters oder Pächters — unter Einhaltung der gesetzlichen Fristen: bei Miete nur für Schluß des Kalendervierteljahrs spätestens am dritten Werktag des Vierteljahrs oder falls Mietzins so berechnet für Schluß des Kalendermonats bis 15. des Monats oder für Schluß der Woche am ersten Werktag oder für folgenden Tag BGB. 564, 565, 566, 580, bei Pacht halbjährig für Schluß des Pachtjahres spätestens am ersten Werktag des halben Jahres, mit dessen Ablauf Pacht endet BGB. 595; — nur für ersten zulässigen Termin 57; — wird auf Beschwerde Zuschlag aufgehoben, so bleibt doch Kündigung, auch wenn an Anderen Zuschlag, bestehen BuschsZ. 32 S. 145;

Ausnahmen vom Kündigungsrecht des Erstehers:

αα) bei anderweiter Versteigerungsbedingung 59; Mieter oder Pächter meldet Recht an 9 Nr. 2, verlangt abweichende Feststellung der Versteigerungsbedingungen; — Doppelausgebot — mit und ohne Kündigungsrecht 59 Abs. 2;

kein Anspruch des Mieters oder Pächters auf Sicherheitsleistung 67;

ββ) bei Zv. zum Zwecke der Gemeinschaftsaufhebung 183;

γγ) wenn Schuldner oder neueingetretener Eigentümer Ersteher, soweit ihm Anspruch auf Gewährung des Gebrauchs entzogen, besonders wenn er selbst Miet- oder Pachtverhältnis eingegangen oder in diese Verpflichtungen eingetreten BuschsZ. 32 S. 149;

Schutz gegen Schaden durch Kündigung: außer Mittel nach αα: Eintragung einer Hypothek;

δ) Verfügung über Mietzins — auch Pfändung SeuffA. 59 Nr. 121, RG. 58 S. 181, BayZfR. 1905 S. 162; — vor Zuschlag: gültig für laufendes und folgendes Kalendervierteljahr, für später nicht, auch wenn sie Ersteher kennt 57, BGB. 573 Satz 1, 574; Verfügung nach Zuschlag gegenüber Ersteher unwirksam, wenn Mieter vom Zuschlag Kenntnis BGB. 574; SeuffA. 53 Nr. 203, 58 Nr. 377, SächsOLG. 24 S. 534; CBlfG. 3 S. 472, 4 S. 357; — frühere Beschlagnahme durch Zwangsverwaltung gibt nur betreibendem Gläubiger und Zwangsverwalter Recht auf abgetretene Mieten, nicht anderen Realgläubigern OLG. 8 S. 6; — Pfändung gegen Ersteher BayZfR. 1905 S. 163; —

ε) wenn Grundstück vor 1. Januar 1900 überlassen, so, soweit nicht landesgesetzlich ausdrücklich bestimmt, 57 nicht anwendbar, RG. v. 7. Juli 1903 im Recht 7 S. 458, Entsch. 5 S. 254; — E. 2, PAG. Art. 7, BAG. Art. 28;

weitergehende Rechte des Mieters nach bisherigem Gesetz unberührt SG. 8, HessAG. Art. 11, 18; —

nach 1. Januar 1900 durchgeführtes Zv.verfahren früheren Rechts SeuffA. Bd. 56 Nr. 140; — Uebergangsbestimmung für Bayern bis Anlegung des Grundbuchs: BayUebergG. vom 9. Juni 1899 Art. 6;

ζ) bei Lehen, Fideikommissen BAG. Art. 36;

f) in Preußen: Uebernahme der Wiederherstellung des verfallenen Gebäudes PAG. Art. 31 Abs. 2.

VII 8. Verlesen des festgestellten geringsten Gebots und der Versteigerungsbedingungen 66;

Haftung des Staats und Versteigerungsbeamten für irrtümliche Rechtsbelehrung OLG. 5 S. 210.

VII 9. Hinweis auf bevorstehende Ausschließungen weiterer Anmeldungen — s. VI 5, VII 24 Anm. 3 f, 66 Abs. 2; — erfolgen weitere Anmeldungen, so nochmalige Feststellung und Verlesung des geringsten Gebots und sodann nochmals Hinweis auf Ausschließung weiterer Anmeldungen;

ist Hinweis nicht erfolgt, so darf spätere Anmeldung nicht zurückgewiesen werden 83 Nr. 4, 84, 100.

VII 9 a. In Bayern ist Versteigerungsbeamter verpflichtet, ein Zeugnis des Rentamts über die Belastung der Versteigerungsgegenstände mit Bodenzinsen zu erholen und der Versteigerungsurkunde beizuheften oder seinen Inhalt in der Urkunde zu vermerken Art. 18 Abs. 2 des Ges. v. 2. Februar 1898, die Fortsetzung der Grundentlastung betr., S. 4 S. 960.

B. Zweite Abteilung: Versteigerung 10—17.

VII 10. Aufforderung zur Abgabe von Geboten, mündlich, schriftlich ungültig 66; keine Fristbestimmung vom Beginn des Termins bis hieher, von hier bis zum Schluß der Versteigerung — 17 — mindestens eine Stunde, deshalb hier Angabe der Zeit 73;

empfehlenswert, im Protokoll an dieser Stelle ausdrücklich hervorzuheben, daß nur Bargebote im Sinne 49 gefordert werden, d. h. daß ganzer Betrag des Gebots durch Barzahlung zu tilgen ist und daneben die nach den Versteigerungsbedingungen zu übernehmenden Rechte zu übernehmen sind. Es bleiben dann Irrtümer vermieden, wie im Fall von SeuffA. 56 Nr. 191; s. auch 11; — bei Zv. mehrerer Grundstücke in demselben Verfahren s. XII B a.

Abhalten vom Bieten dann nicht unerlaubte Handlung nach BGB. 832, wenn es durch kein Strafgesetz verboten oder keine schädigende Wirkung übt RG. 51 S. 401, JW. 1902 Beil. S. 222 und 406.

VII 11. Abgabe von Geboten 66:

a) Gebote sind Bargebote — VII 7 b α —, neben denen nach den Versteigerungsbedingungen Rechte bestehen bleiben OLG 4 S. 158, s. auch oben Nr. 10;

Schuldner kann mitbieten BGB. 1239;

b) **unwirksame Gebote**: (zurückweisen, s. unten 14);

α) des Versteigerungsbeamten — Richters oder Notars — und der zugezogenen Gehilfen, Schreiber, Protokollführer, sowohl für sich als durch Andere, als für Andere BGB. 456, CPO. 41, 49, WB. 31; BAG. Art. 25, BayNotG. Art. 15 Nr. 1, BlfRA. 69 S. 224;

β) eines Geschäftsunfähigen BGB. 104; — oder in Geschäftsfähigkeit Beschränkten BGB. 104 Nr. 3; 106, 114, 1906; — RG. 35 S. 396;

γ) eines Vertreters, falls Vertretungsmacht oder Zustimmung oder Genehmigung der Behörde nicht offenkundig oder nicht sofort durch öffentlich beglaubigte Urkunde nachweisbar 71 Abs. 2, 81 Abs. 2, NaumburgAK. 1902 S. 75 JW. 1901, S. 700, CBlFG. 3 S. 45; — Genehmigung der Behörde vorgeschrieben für Vormünder usf. BGB. 1821 Nr. 4, 1903, 1904, 1915; ferner EGzBGB. Art. 86, 88, PAG. z. BGB. Art. 7;

δ) von Hypothekenbanken nach RHypBankG. v. 13. Juli 1899 § 5 Abs. 3, RGBl. S. 377, BlfRA 69 S. 223; — außer zur Verhütung von Verlusten oder Beschaffung von Geschäftsräumen;

ε) wenn geringstes Gebot nicht erreicht ist 44, s. VII 6;

ζ) wenn verlangte und für erforderlich erklärte Sicherheitsleistung unterbleibt 70 Abs. 2, s. VII 12;

η) bei **Irrtum** des Bieters über Inhalt des abgegebenen Gebots:

unverzügliche Anfechtung des Gebots durch Erklärung gegenüber Versteigerungsbeamten; — falls sofort nach Abgabe und vom Versteigerungsbeamten für begründet erachtet, so Zurückweisen des Gebots und wenn kein Widerspruch hiegegen, Erlöschen, sonst Prüfung beim Zuschlag — oder Beweisverfahren GruchotsBeitr. 48 S. 93; — Nachweis, daß rechtserheblicher Irrtum nach BGB. 119; sofortige Beschwerde gegen Zuschlag; — ist Anfechtung begründet, so Gebot von Anfang an nichtig, also unwirksam 71, RG. 54 S. 308; OLG. 4 S. 157, 6 S. 436; — CBlFG. 3 S. 146; — BuschsZ. 31 S. 399;

bei sich Versprechen bei Geldsumme Anfechtung Recht 1903 S. 108;

nach Rechtskraft des Zuschlagbeschlusses Anfechtung wegen Irrtums ausgeschlossen, event. falls Erfordernisse der Nichtigkeits- oder Restitutionsklage Beschwerde innerhalb deren Notfristen CPO. 577 Abs. 2, GruchotsBeitr. 48 S. 93;

ϑ) durch **Personenmehrheit,** außer die mehreren Bieter wollen als Gesamtschuldner haften oder Grundstück als gemeinschaftliches Eigentum zur Gesamthand oder als Gesamtgut der zwischen ihnen bestehenden ehelichen allgemeinen Gütergemeinschaft oder Errungenschaftsgemeinschaft erwerben; — unzulässig gleiches Gebot von in fortgesetzter Gütergemeinschaft lebenden Bietern BGB. 1459, 1460, 1530, 1532, 1488, GruchotsBeitr. 48 S. 97;

c) nicht erforderlich Aufnahme sämtlicher Gebote in das Protokoll; bei Widerspruch gegen Gebote, Zurückweisung unter Widerspruch sind Gebote mit Anträgen und Verhandlungen zu protokollieren; Recht 6 S. 486; — wenn sich aus Protokoll nicht ergibt, daß Gebot abgegeben CBlFG 4 S. 215.

VII 12. Verlangen von **Sicherheitsleistung** nur **sofort nach** Abgabe des Gebots, — nicht vorher!; — gilt auch für weitere Gebote desselben Bieters; — auch zulässig, wenn bei dessen früheren Geboten nicht gestellt; — nur durch **Beteiligten** — 9, s. V 3 a γ —, dessen Rechte durch Nichterfüllung des Gebots beeinträchtigt; — Verlangen seitens Schuldners, nur wenn er persönlich haftet oder Ueberschuß zu erwarten ist, seitens Mieters oder Pächters nicht 67.

a) **Ausschluß des Verlangens:**

α) für Gebote des Reichs, der Reichsbank, eines Bundesstaats 67 Abs. 3, MecklSchwVO. vom 9. April 1899 § 3;

β) für Gebote von Gemeinden, gemeindlichen Kreditanstalten, Sparkassen E. 10 Nr 1, PAG. Art. 9, BAG. Art. 30, SächsVO. v. 19. Juni 1900 § 12 (GuVBl. S. 319: Vorschuß aus Gerichtskasse), BadAG. 6, HessAG. Art. 6, ElsLothAG. 10;

γ) für Gebot, zu dessen Erfüllung sich nach 61 ein Dritter, bei Bewilligung von Zahlungsfristen — s. VII 7 b α — verpflichtet hat 67 Abs. 3;

δ) wenn dem Bieter eine durch Gebot wenn auch nur teilweise gedeckte Hypothek, Grund- oder Rentenschuld zusteht; — außer auf Verlangen des betreibenden Gläubigers oder bei Gebot des Schuldners oder neu eingetretenen Eigentümers 67 Abs. 2, — doch braucht Miteigentümer bei Zv. zum Zweck der Gemeinschaftsaufhebung keine Sicherheit leisten, wenn er teilweise gedeckte Hypothek usf. hat 184;

b) **Höhe der Sicherheit:**

α) 1/10 des Bargebots — s. oben 7 b α; — der Teil des Gebots, für den Zahlungsfristen nach 60, 61 kommt nicht in Betracht; — mindestens aber in Höhe der Kosten 68 Abs. 1;

β) auf Verlangen eines Beteiligten, dessen Recht bestehen bleibt — 52 —: Betrag, der zur Deckung der seinem Recht vorgehenden Ansprüche durch Zahlung zu berichtigen ist 68 Abs. 2;

γ) auf Verlangen des betreibenden Gläubigers vom Schuldner oder neu eingetretenen Eigentümer: Betrag, der zur Deckung seines Anspruchs durch Zahlung zu berichtigen ist 68 Abs. 3;

c) **Art der Sicherheitsleistung** — andere Vereinbarung zulässig:

α) durch Hinterlegung oder Uebergabe — an Versteigerungsbeamten — von Geld oder inländischen, auf Inhaber lautenden Wertpapieren mit Kurswert oder mit Blankoindossement versehenen Orderpapieren — in Höhe des ganzen Kurswerts, abweichend von BGB. 234 Abs. 3 — mit Zins-, Renten-, Gewinnanteil- und Erneuerungsscheinen BGB. 234 Abs. 2; — nicht erforderlich Mündelsicherheit 69;

β) oder durch Bürgen nach Landesgesetz E. 10 Nr. 2, PAG. Art. 10 — im bisherigen Gebiet des rheinischen Rechts; — BAG. Art. 31 — nicht bei Geboten des Schuldners usf. Abs. 2; — WAG. Art. 277, WV. 26; BadAG. 6 Abs. 3; HessAG. Art. 7; MecklSchwVO. vom 9. April 1899 § 4; ElsLothAG. 11;

Verzicht auf Einrede der Vorausklage; angemessenes Vermögen des Bürgen, allgemeiner Gerichtsstand im Inland BGB. 239;

d) sofortiger **Entscheid** über Sicherheit durch Versteigerungsbeamten 70, 100; sofortige Leistung, wenn für erforderlich erachtet, sonst Zurückweisen des Gebots 70 Abs. 2, 100; falls nicht für erforderlich erachtet, sofortiger Widerspruch des Beteiligten, sonst gilt Verlangen als zurückgenommen 70 Abs. 3; — im Protokoll Angabe der vom Versteigerungsbeamten bestimmten Sicherheit usf., nachträgliche Ergänzung unzulässig Recht 1902 S. 486;

Zurückgabe der Sicherheit, sobald Gebot erloschen;

e) **Wirkung** im Verteilungsverfahren: Hinterlegter Geldbetrag gilt als gezahlt 107 Abs. 3, 49 Abs. 3, 94; s. auch 108; — DJZ. 1903 S. 173; — Erlöschen des Anspruchs auf Herausgabe zugunsten des Fiskus nach 31 Jahren BayVO. vom 18. Dezember 1899 §§ 34, 37.

VII 13. Falls **kein** — zulässiges — Gebot, so einstweilige Einstellung des Verfahrens, ebenso wenn alle Gebote erloschen sind, s. oben VI 7 b Nr. c; — Gläubiger kann zweiten Termin verlangen, ist auch dieser ergebnislos, so Aufhebung des Verfahrens s. VI 8 Anm. 2 e, 77.

VII 14. Entscheid über Gebote:

a) durch Versteigerungsbeamten sofort **zurückweisen**, wenn unwirksam, s. VII 11;

Aufnahme ins Protokoll 78; — Beschwerde nicht selbständig, nur gegen Zuschlag 81, 100, aber nur, wenn Gebot nicht nach 72 durch Uebergebot erloschen OLG. 5 S. 336;

falls Zurückweisen unwidersprochen, so Erlöschen des Gebots, s. b β.

b) **Erlöschen** der Gebote:

α) bei widerspruchslosem Zulassen eines Uebergebots; dies gilt als zugelassen, wenn es nicht sofort zurückgewiesen wird 72 Abs. 1, PAG. Art. 32;

Gesamtgebot ist nicht Uebergebot im Sinne von 72, bringt also die höchsten Einzelgebote nicht zum Erlöschen Recht 1902 S. 486;

β) bei sofortigem Zurückweisen, falls Bieter oder Beteiligter nicht sofort widerspricht; — bei Widerspruch Entscheid im Zuschlagsbeschluß 72 Abs. 2; — Zurückziehen des Gebots unzulässig; — bei Zurückweisen zu Unrecht, keine Beschwerde, wenn Bieter nicht weiter mitgeboten SeuffA. 58 Nr. 45;

γ) bei Aufhebung des Verfahrens und einstweiliger Einstellung oder Terminsaufhebung, s. VII 7 und 8, 72 Abs. 3, 75;

c) Zuschlag, s. unten VII 23; — Versagung VII 24.

VII 15. Aufforderung, noch weitere Gebote abzugeben, — wesentlich! 73 Abs. 1, 83 Nr. 7, 100; s. VII 24 Anm. 3, 12.

VII 16. Verkündung des letzten Gebots mit Namen des Bieters, **dreimaliger Aufruf,** nicht wesentlich 73 Abs. 2; Meistbietender s. auch VII 23 d Anm. 3.

VII 17. Falls seit Aufforderung zur Abgabe von Geboten — VII 10 — **mindestens eine Stunde** — wesentlich! 73, 83 Nr. 7, 100; — Bieter müssen in Lage sein, während dieser Zeit ununterbrochen zu bieten BuschZ. 30 S. 149; — Schadensersatzpflicht des Versteigerungsbeamten nach BGB. 839, OLG. 4 S. 286; — bei Zv. mehrerer selbständiger Grundstücke s. XII B b; — wenn kein Gebot mehr:

Verkündung des Versteigerungsschlusses 73; — danach keine Einstellung oder Terminsaufhebung, s. aber VII 22, bei vorliegendem Grund: Versagung des Zuschlags 33; — Uebergang der Gefahr für zufälligen Untergang der Versteigerungsgegenstände, außer des Grundstücks, auf Ersteher 56;

liegt nach Protokoll keine Stunde seit Aufforderung zur Abgabe von Geboten, so Versagung des Zuschlags — s. VII 24 r — auch wenn Protokoll unrichtig, wenn nicht Nachweis der Fälschung SächsAnn. 25 S. 94.

C. **Dritte Abteilung: nach Schluß der Versteigerung.**

VII 18. **Anhören** der anwesenden Beteiligten über den Zuschlag, wesentlich 74: — Protokoll! 78;

auch noch nachträglich, falls besonderer Verkündungstermin für Beschluß über Zuschlag 87 Abs. 3.

VII 19. **Antrag** eines Beteiligten, der Befriedigung aus Bargebot zu erwarten, — auch wenn sein Anspruch gepfändet OLG. 2 S. 238; — auch nach Versteigerungstermin zulässig, — Grundstück usf. für Rechnung des Erstehers in **gerichtliche Verwaltung** zu nehmen, so lange nicht Zahlung oder Hinterlegung 94, ist Sicherungs-, — nicht Zwangsvollstreckungsmaßregel Recht 1901 S. 180; — falls im Versteigerungstermin, Entscheid bei Erteilung des Zuschlags; — Vorschriften über Zwangsverwaltung anwendbar 94 Abs. 2, s. XIII; —

bei Zv. von Schiffen: Antrag auf gerichtliche Bewachung und Verwahrung, — Kostenvorschuß 170, 171.

VII 20. Erklärung des Meistbietenden, daß er Recht aus Meistgebot an Anderen **abgetreten** und dieser Verpflichtung übernommen hat (Protokoll! 78, 80 — auch nachträglich durch öffentlich beglaubigte Urkunden 87 Abs. 3 — Haftung als Gesamtschuldner 81 Abs. 4) 81 Abs. 2, 82, BlfRA. 69 S. 225; — oder daß er für Anderen geboten; Vertretungsmacht oder Zustimmung muß offenkundig sein oder durch öffentlich beglaubigte Urkunde nachgewiesen werden 81 Abs. 3, 4, 82, s. II Anm. 2; Uebernehmer muß zum Erwerb fähig sein, s. VII 11, sonst behält es Meistbietender — s. auch VII 23 d Anm. 14.

VII 21. **Vereinbarung** zwischen Berechtigtem und Ersteher, daß **Recht** am Grundstück **bestehen** bleiben soll, — (auch später zulässig! — Protokoll 78, 80) 91 Abs. 2, s. VII, b β.

VII 22. **Antrag** eines Beteiligten, dessen Recht durch Zuschlag beeinträchtigt würde, auf Bestimmung **neuen Versteigerungstermins** unter Verpflichtung zur Tragung des Schadens und Sicherheitsleistung 85, hiedurch wird Erteilung des Zuschlags verhindert OLG. 2 S. 81; s. VII 24 Anm. 3 b.

VII 23. Verkündung des Beschlusses über Zuschlag,

a) entweder sofort, im Protokoll oder als Anlage desselben beifügen WV. 32 Abs. 2;

b) oder Verkündung folgenden Beschlusses:

> Im Verfahren zum Zweck der Zwangsversteigerung des auf den Namen des .... im Grundbuch des Amtsgerichts .... für Band .... Blatt-Nr. eingetragenen, in ...., Gemeinde ...., ... amts (Kreis) gelegenen Grundstücks Plan-Nr. .... wird Termin[1] zur Verkündung der Entscheidung über den Zuschlag auf .... vormittags .... Uhr vor dem unterfertigten Amt (Zimmer Nr. .....) bestimmt.
>
> Amtsgericht ....
>
> (Notariat ....)

VII 23 b **Anm. 1.** nicht über eine Woche hinaus; — Anheftung an Gerichtstafel 87, PreußGeschO. für Gerichtsschreiber § 19; WV. 32 Abs. 3;

c) **Protokoll** im Verkündungstermin:

Gesch.Nr. ....
Amtsgericht (Notariat ......)
Anwesend:
.... Amtsrichter, Notar,
.... Gerichtsschreiber.

Im Verfahren zum Zweck der Zwangsversteigerung des auf den Namen des im Grundbuch des Amtsgerichts .... für .... Band ..... Blatt=Nr. .... eingetragenen, in ...., Gemeinde ...., ... amts (Kreis) .... gelegenen Grundstücks Plan=Nr. .... erschienen in dem heutigen, zur Verkündung der Entscheidung über den Zuschlag bestimmten Termin nach dem Aufruf der Sache: ....

Es wurde der anliegende Beschluß verkündet.

D. Beschluß.[1 2]

Gesch.Nr. ....

§ 82.

Im Verfahren zum Zweck der Zwangsversteigerung des auf den Namen des im Grundbuch des Amtsgerichts .... für Band Blatt=Nr. ..... eingetragenen, in ...., Gemeinde ...., ... amts (Kreis) .... gelegenen Grundstücks, Plan=Nr. zu ha wird, nachdem .... in dem Versteigerungstermin vom .... Meistbietender[3] geblieben ist, Widerspruch gegen den Zuschlag auf dieses Gebot nicht erhoben wurde — oder aus folgenden Gründen ungerechtfertigt erscheint —, ein gesetzliches Hindernis dem Zuschlag nicht entgegensteht,[4] das vorbeschriebene Grundstück[5] dem als Ersteher[6] für den durch Zahlung zu berichtigenden Betrag von , in Buchstaben ...... Mark .... Pfg. unter den gesetzlichen — oder unter nachfolgenden Versteigerungsbedingungen[7] — zugeschlagen:[8 9]

Nachstehende bei der Feststellung des geringsten Gebots berücksichtigten Rechte bleiben zu Lasten des Erstehers bestehen:[9 h]

....

(Falls das .... z. B. Wohnungsrecht nicht besteht, hat Ersteher weiter .... Mk. zu zahlen.)

Das Meistgebot ist von heute ab mit 4 % zu verzinsen. Die Kosten dieses Beschlusses fallen dem Ersteher .... zur Last.[10]

(Bei Bewilligung von Zahlungsfristen nach 61):

Zugleich wird ...., — d. i. der Dritte, welcher die Verpflichtung des Erstehers übernommen hat,[11] — für den Betrag von .... Mark[12] für zahlungspflichtig erklärt.[13]

(Bei Abtretung des Rechts aus Meistgebot oder Bieten für Anderen nach 81 Abs. 4):

Zugleich wird der .... als Meistbietender mit dem Ersteher .... gesamtverbindlich für mithaftend erklärt.[14]

(Falls für Gebot Bürge zugelassen, dieser unter Angabe der Höhe seiner Schuld für mithaftend zu erklären.)[15]

den

Amtsgericht[16 17] (Notariat)

....

VII 23 d Anm. 1. Beschluß über Zuschlag; Versagungsbeschluß s. VII 24; — **kein** Urteil! —

Beschluß des Gerichts oder Notars s. III Anm. 10; — **konstitutiver Willensakt** RG. in SeuffA. 55 Nr. 180;

Prüfung, ob wirksame Gebote — s. VII 11 —, ob kein Verstoß nach 83, s. VII 24 Anm. 3, sonst Versagung des Zuschlags CBlFG. 3 S. 45;

an eigene vorherige Entscheidungen nicht gebunden 79, wohl aber an vorherige des Beschwerdegerichts 95, SeuffA. 25 S. 360;

Vorgänge im Versteigerungstermin, — s. oben 1—22 — nur nach Inhalt des **Versteigerungsprotokolls** 80, s. VII, I. Teil; — soweit dies zur Beurkundung der Vorgänge bestimmt OLG. 4 S. 159; RG. v. 16. September 1903 in FDR. II S. 377;

bei dunkler Fassung Auslegung, doch nicht im Widerspruch mit Protokoll OLG. 5 S. 211; — Beweis der Fälschung des Protokolls zulässig; — bei Unvollständigkeit Schadensersatzpflicht des Versteigerungsbeamten nach BGB. 839;

bei Abtretung des Rechts aus Meistgebot oder Bieten für Andern auch öffentlich beglaubigte Urkunden berücksichtigen 81 Abs. 2 und 3.

VII 23 d Anm. 2. Verkündung im Versteigerungstermin oder eigenen Verkündungstermin s. VII 23 a und b, 87; — ferner **zustellen** — 3 ff. — den Beteiligten, s. V 3 a γ, insbesondere auch dem Schuldner, Verwalter, sonstigen Berechtigten, auch denen, die Rechte noch glaubhaft zu machen haben, mit Ausnahme der im Versteigerungs- oder Verkündungstermin — nach Protokoll — Erschienenen, sowie stets dem Ersteher, zahlungspflichtig erklärten Dritten nach 61 und Meistbietenden nach 81 Abs. 4, 88; von da an sofortige Beschwerde nach CPO. 577 Abs. 2; Wirksamkeit s. VII 23 d Anm. 8.

VII 23 d Anm. 3. Meistbietender — kann auch Schuldner sein — hat **Recht** auf Zuschlag, wenn nicht Verfahren eingestellt oder Antrag zurückgenommen, Gebot zulässig und kein Versagungsgrund, — s. unten 24 — oder Recht abgetreten usf. s. VII 23 d Anm. 14; VII 20 — 81 Abs. 1; PAG. Art. 23;

Vollstreckungsbeamter hat zu entscheiden, ob Meistgebot rechtswirksam, insbesondere ob nichtig, keine Klage auf Feststellung, keine Aussetzung des Zuschlags, event. Beschwerde gegen Beschluß s. VII 23 d Anm. 17, OLG. 6 S. 436, RG. 54 S. 310; BlfRA. 69 S. 225;

Recht aus Meistgebot abtretbar, vererblich, pfändbar CPO. 857 Abs. 2, 5, stirbt Meistbietender nach Abgabe des Gebots, so Zuschlag an dessen Erben BlfRA. 69 S. 224;

Anfechtbarkeit des Meistgebots wegen Irrtums VII 11 g;

im Verhältnis zwischen Auftraggeber und Beauftragten bedarf Auftrag, Grundstücke im Zv.verfahren zu erwerben und es dann Auftraggeber zu übereignen, nicht unbedingte Form des § 313 BGB. RG. 54 S. 75.

VII 23 d Anm. 4. 83, 85, s. unten VII 24.

VII 23 d Anm. 5. Angabe des Zubehörs, Lage, Größe usf. des Grundstücks nicht erforderlich, Bezeichnung nach Grundbuch genügend 82, RG. in JW. 1900 S. 283.

VII 23 d Anm. 6. Name, Stand, Wohnort des Erstehers;

bei Abtretung des Rechts aus Meistgebot und Uebernahme der Verpflichtung oder bei Gebot für Andern mit Vertretungsmacht oder Zustimmung: Zuschlag nicht an Meistbietenden, sondern Anderen; Haftung beider gesamtverbindlich 81 Abs. 2—4, s. auch VII 23 d Anm. 14;

falls Zuschlag auf Antrag versagt und neuer Versteigerungstermin anberaumt, dem Antragsteller, wenn im neuen Termin kein höheres Gebot 85, s. VII 24 Anm. 3 l, VI 7 b Nr. f;

Personenmehrheit s. VII 11 b.

VII 23 d Anm. 7. bei gesetzlichen Bedingungen — s. oben VII 7 — Angabe nicht erforderlich, bei Abänderung — 59 — Angabe im Beschluß erforderlich 81, — OLG. 3 S. 339; — Nichtaufnahme einer nichtgesetzlichen Versteigerungsbedingung, z. B. Erlöschen eines Altenteils macht Bedingung nicht unwirksam OLG. 9 S. 375.

VII 23 d Anm. 8. **Wirksamkeit** des Zuschlags mit Verkündung, auch wenn Beschwerde eingelegt 89; wenn durch Beschwerdegericht erteilt, mit Zustellung an Ersteher 104; — vorläufige Anordnungen CPO. 572 Abs. 2 und 3;

Erwerb unanfechtbar erst, wenn Beschluß rechtskräftig 90, 101 Abs. 2, 104; — Ausführung des Teilungsplans (soll!) erst nach Rechtskraft des Zuschlags bei Antrag des Erstehers usf. 116.

VII 23 d Anm. 9. **Wirkungen** des Zuschlags:

Zuschlag **kein** Vertrag — BGB. 724 —, sondern Handlung der Staatsgewalt, GruchotsBeitr. 48 S. 97; s. aber OLG. 6 S. 437;

a) Ersteher wird **Eigentümer** des Grundstücks und der sonstigen mitversteigerten Gegenstände — s. oben VII 7 a — 90, 37 Nr. 5; — RG. in JW. 1902 S. 229; RG. 50 S. 241; — unanfechtbar erst, wenn Zuschlagsbeschluß rechtskräftig; — unabhängig vom Eintrag in Grundbuch, diese erst nach Rechtskraft des Zuschlags und Ausführung des Teilungsplans 130, 133; BayBek. v. 27. Februar 1905 § 355 Nr. 8 (JMBl. 1905 S. 255); — Ersteher kann Eintragungen im Grundbuch nach Zuschlag bewilligen, Eintrag aber erst, wenn er als Eigentümer eingetragen 130 Abs. 3, OLG. 9 S. 143, X A 1; diese Eintragungen erst hinter den Sicherungshypotheken nach 130 Abs. 1 S. 4 S. 608, OLG. 8 S. 10; — auf Antrag Grundstück in gerichtliche Verwaltung 94, s. VII 19;

keine Wiederversteigerung gegen Schuldner, sondern neue Versteigerung gegen säumigen Ersteher 118 Abs. 2, 128 Abs. 4, 132, 133, s. VII 23 d Anm. 16 b, X A I 4 f.;

weiß Ersteher, daß Vollstreckungsschuldner nicht Eigentümer des versteigerten Grundstücks war, so trotzdem Eigentumserwerb nicht schlechthin ausgeschlossen, bei Arglist des Erstehers Schadensersatzanspruch Recht 1904 S. 49; — JW. 1903 S. 406;

b) Uebergang der Gefahr des zufälligen Untergangs des Grundstücks, nicht der übrigen Gegenstände 56, s. VII 7 c, kein Anspruch auf Gewährleistung;

c) Ersteher erhält vom Zuschlag an Nutzungen und trägt Lasten 56, zum Ersatz vorheriger Verwendungen nicht verpflichtet 93 Abs. 2;

Verfügung — Pfändung — der Mietzinse s. VII 7 e δ;

d) Kündigung der Miet- und Pachtverhältnisse für ersten zulässigen Termin s. VII 7 e, 57;

e) Verpflichtung des Erstehers, Bargebot — s. VII 7 b — im Verteilungstermin bar zu zahlen und vom Zuschlag an mit 4% zu verzinsen 49 sowie zur Zahlung eines erloschenen, im geringsten Gebot berücksichtigten Rechts 50, 51, s. VII 7 b γ;

Ausführung des Teilungsplans bis Rechtskraft des Zuschlags aussetzen IX Anm. 26;

f) Eintritt des Erstehers in persönliche Haftung für Hypothek 53, s. VII 7 b β;

g) Anspruch gegen Besitzer des Grundstücks oder mitversteigerten Sache auf **Räumung** und **Herausgabe** 93, WV. 33; aus Beschluß — s. auch VII 7 a — sofort nach Verkündung 89, — bei Beschwerde einstweilige Anordnung nach CPO. 572 zulässig; — Vollstreckungsklausel vom Gerichtsschreiber des Vollstreckungsgerichts CPO. 725; — Zustellung usf. wie CPO. 885;

bei beweglichen Sachen, die im Beschluß nicht einzeln aufgeführt, zunächst Entscheid des Gerichtsvollziehers; s. auch PreußGVollzO. v. 12. Dezember 1899

§ 80 Nr. 4, 8 (JMBl. S. 627) — dann des Vollstreckungsgerichts CPO. 766; — event. Klage;

bei Forderung bedarf es keiner Pfändung und Ueberweisung mehr RG. 41 S. 203;

gegen Dritten auf Anordnung des Vollstreckungsgerichts — CPO. 727, 730, 325 — Vollstreckungsklausel, Zustellung CPO. 750; auch Klage nach CPO. 731 oder auf Räumung und Herausgabe;

keine Zwangsvollstreckung, wenn Besitz auf Grund eines durch Zuschlag nicht erloschenen Rechts, z. B. Nießbrauchs, Miet- und Pachtrechts 93 Abs. 1 Satz 2, sonst Widerspruch des Besitzers nach CPO. 771;

Erteilung vollstreckbarer Ausfertigung nicht ablehnen, weil gerichtliche Verwaltung — 94 — eingeleitet NaumburgAK. 1901 S. 110;

wenn Zv.verfahren arglistig veranlaßt RG. in JW. 1903 S. 406 Nr. 23;

Ausführung der Zwangsvollstreckung durch Gerichtsvollzieher CPO. 885;

h) **Uebergang** und **Erlöschen** der **Rechte** mit Zuschlag 91, 92 — Entscheid hierüber in den Versteigerungsbedingungen, s. VII 7 b d, diese im Beschluß zu bezeichnen 82; — im Grundbuch erst später löschen 130; s. X A 3, 5; — 37 Nr. 5, RG. in JW. 1904 S. 243.

VII 23 d Anm. 10. ausdrückliche Vorschrift 58, 109, WB. 32 Abs. 1; — neben Ersteher auch Haftung des Meistbietenden 81 Abs. 2 und 3, nicht Schuldners, betreibenden Gläubigers, Dritten, der nach 61 zahlungspflichtig.

VII 23 d Anm. 11. Haftung des Dritten nur, wenn er im Beschluß für zahlungspflichtig erklärt ist 82; — Beschwerde 97; — s. auch VII 7 b α.

VII 23 d Anm. 12. Betrag, den Dritter im Verteilungstermin zu zahlen hat 82, 61.

VII 23 d Anm. 13. im Verteilungsverfahren tritt an Stelle der Forderung gegen Ersteher die gegen zahlungspflichtig erklärten Dritten; — Sicherungshypothek 61 Abs. 3, 134.

VII 23 d Anm. 14. s. VII Nr. 20 und 23 d Anm. 3; X B a, XII B c; — nach Ausführung des Teilungsplans vollstreckbar in gesamtes Vermögen Beider, — vollstreckbare Ausfertigung des Beschlusses über Zuschlag mit Vollstreckungsklausel: „vorstehende Ausfertigung wird dem .... (Berechtigten) zum Zweck der Zwangsvollstreckung auf den Betrag von............ erteilt"; — vom Gerichtsschreiber 132 Abs. 2, CPO. 725; gegen dritten Erwerber CPO. 730; — Zustellung CPO. 750, nicht der Urkunde über Forderungsübertragung 132 Abs. 2.

VII 23 d Anm. 15. PAG. Art. 10 Abs. 2 im Geltungsbereich des Rheinischen Rechts.

VII 23 d Anm. 16. **Vollstreckbarkeitserklärung** des Beschlusses s. VII 23 d Anm. 9 g und 14;

a) nach Ausführung des Teilungsplans gegen Ersteher — s. unten X B a — Vollstreckungsklausel: Angabe des Berechtigten und Betrags der Forderung 132 Abs. 2, CPO. 725; gegen Bürgen s. Anm. 15; — Zustellung CPO. 750. nicht der Urkunde über Forderungsübertragung 132 Abs. 2, WB. 33;

b) Zwangsvollstreckung **gegen Ersteher** in das **Grundstück** — sog. Wiederversteigerung, auch Zwangsverwaltung — unter Vorlage, doch ohne vorherige Zustellung des Vollstreckungstitels und der Vollstreckungsklausel, auch wenn Ersteher noch nicht als Eigentümer im Grundbuch; — **neues** Verfahren, neue Vollmacht, neuer Versteigerungsvermerk, gegen Ersteher, — also nicht früheren Schuldner, — oder im Grundbuch als Eigentümer eingetragenen Besitznachfolger; — nur wegen Anspruchs aus Uebertragung, also nicht aus bestehenbleibenden Rechten 133, s. VII 7 b γ; unten IX 31 am Schluß; X A 4 e; B b; — Vorlage des Zeugnisses des Grundbuchamts nicht erforderlich, solang dieses noch nicht um Eintragung ersucht — abweichend von 17—133.

VII 23 d Anm. 17. **Beschwerde** — sofortige — CPO. 577, 793; — gegen vorherige Entscheidungen s. VI 9 — soweit Notar oder Kommissar — s. III 10 — zuerst gegen dessen Entscheid Vollstreckungsgericht binnen zweiwöchentlicher Frist — 96 — anrufen, — nicht unbedingt Devolutiveffekt Recht 1901 S. 610, BayZfR. 1905 S. 209; — gegen

Entscheid des Vollstreckungsgerichts dann sofortige Beschwerde E. 13 Abs. 2, WV. 34; — mehrere Beschwerden verbinden 99 Abs. 2;

a) Befugnis zur Beschwerde:

1. jeder Beteiligte 97, 9; nicht Vollstreckungsgericht, auch nicht zur weiteren Beschwerde OLG. 8 S. 9;
2. der Ersteher 97, 82;
3. der für zahlungspflichtig erklärte Dritte 61, 82, 97;
4. der nach 81 an Stelle des Bieters treten soll, nicht aber Bürge bei Sicherheitsleistung 97;
5. Gläubiger — im Falle der Versagung: — nicht Schuldner 97; Hypothekar nur, wenn er als Gläubiger die Zv. beantragt oder ihr beigetreten ist OLG. 9 S. 143;
6. Bieter, dessen Gebot noch nicht erloschen 97;
7. zur weiteren Beschwerde: der, dem Erlös zugeteilt ist 102;

b) Gegner der Beschwerde: die durch Entscheid, wodurch Beschwerde stattgegeben, benachteiligt würden, vom Beschwerdegerichte zu bestimmen, wenn dies Gegenerklärung für erforderlich hält 99, OLG 9 S. 143;

c) **Notfrist**: 2 Wochen — bei Vollstreckungs- oder Beschwerdegericht einreichen CPO. 577 Abs. 2; Beginn: Verkündung oder Zustellung für Beteiligte, die nicht im Versteigerungstermin oder Verkündungstermin erschienen 98, wer sich vor Schluß entfernt, gilt als erschienen, Beschwerdefrist also von Verkündung an OLG. 4 S. 375. — Beginn mit Zustellung an Zustellungsvertreter CBlFG. 4 S. 416; — nach Ablauf der Frist, wenn Erfordernisse der Nichtigkeits- oder Restitutionsklage vorliegen CPO. 577 Abs. 2 Satz 3, 578 ff.;

d) Antrag: bei Beschwerde gegen Erteilung des Zuschlags nicht erforderlich, es kommt auf Antrag nicht an, Entscheid von Amts wegen 101, OLG. 2 S. 509, s. f;

e) **Gründe** der Beschwerde:

nur auf Verletzung von 81 — bez. Meistgebot 83, 84 — Versagungsgründe s. VII 24, Nr. 6 und 7 von Amts wegen berücksichtigen 100 Abs. 3, Nr. 1—5 nicht bei Genehmigung 84; — 85 — Antrag auf neuen Versteigerungstermin — oder daß Zuschlag unter andern als der Versteigerung zugrunde liegenden Bedingungen erteilt 100 Abs. 1; PAG. Art. 32 Abs. 2; — Interesse des Beschwerdeführers! — also nicht Grund, der nur Recht eines Anderen betrifft 100 Abs. 2;

einzelne Fälle (s. auch g):

bei Mißverständnis der Versteigerungsbedingungen: Anfechtung nach BGB. 121, 142, 143, SeuffA. III. Bd. 1 S. 337, OLG. 4 S. 157, 5 S. 213, 6 S. 436;

bei Unwirksamkeit des Gebots wegen Geschäftsunfähigkeit usf. oder Willensmängel in Person des Bietenden, z. B. Irrtum, Drohung, Betrug RG. 54 S. 310; Irrtum s. VII 11 b η;

bei ungerechtfertigter Zurückweisung früheren Gebots OLG. 5 S. 336;

bei Feststellung im Terminsprotokoll zuerst Nachweis der Protokollsfälschung CBlFG. 4 S. 215; — eine gegen nichtstreitige Rangordnung verstoßende Feststellung des geringsten Gebots läßt sich nur mit Beschwerde, nicht durch Feststellungsklage anfechten CBlFG. 4 S. 22;

wegen Verletzung der Ordnungsvorschrift von 41 Abs. 2, wenn Benachrichtigung eine für Festsetzung des geringsten Gebots erhebliche Unrichtigkeit enthält KGBl. 14 S. 117

f) **Beschluß des Beschwerdegerichts**:

Entscheid in Sache selbst, nicht an erste Instanz zurück 101 Abs. 1;

wenn Beschluß, auch nur teilweise aufgehoben oder abgeändert, zustellen an alle Beteiligten, Bieter, dem Zuschlag erteilt oder verweigert wird, dem Zahlungspflichtigen nach 61 und Meistbietenden nach 81, auch wenn Beschluß verkündet; — bei Zurückweisung der Beschwerde nur an Beschwerdeführer und zugezogenen Gegner 103;

Anordnung und Ableistung von Parteieiden RG. 54 S. 311;

Beschluß des Beschwerdegerichts, durch den Zuschlag erteilt wird, erst mit Zustellung an Ersteher wirksam 104;

bei Abänderung der Entscheidung des Notars in Bayern kann Vollstreckungsgericht Versteigerung anderem Notar übertragen E. 13, BAG. Art. 25 Abs. 3;

wird Zuschlagsbeschluß vom Landgericht aufgehoben, weitere Beschwerde vom Obersten Landesgericht für begründet erachtet, so Beschluß des Landgerichts aufheben und Beschwerde gegen Beschluß des Vollstreckungsgerichts zurückweisen 101 Abs. 2;

g) **weitere Beschwerde**: nur, wenn neuer selbständiger Grund CPO. 568 Abs. 2, 101 Abs. 2, 102—104, s. oben a 7; — wenn Beschwerde nicht als unzulässig, sondern als unbegründet zurückgewiesen OLG. 9 S. 142;

VII 24. Versagungsbeschluß.

§§ 83—86.

Beschluß.[1, 2]

Gesch.-Nr.

Im Verfahren zum Zweck der Zwangsversteigerung des auf den Namen des im Grundbuch des Amtsgerichts für Band Blatt-Nr. eingetragenen, in ...., Gemeinde........, amts (Kreis) gelegenen Grundstücks Plan-Nr. zu ha wird dem Meistbietenden der Zuschlag in der Erwägung versagt, daß[3] .... , mithin nach § 83 Nr. des Zwangsversteigerungsgesetzes ein gesetzlicher Versagungsgrund gegeben ist.

Amtsgericht (Notariat)[4]

....

.... den

VII 24 Anm. 1. im Versteigerungs- oder Verkündungstermin — nicht über eine Woche, Gerichtstafel — verkünden 87; Zustellung nicht erforderlich 88;

Beschwerde — s. VII 23 d Anm. 17 — innerhalb zwei Wochen von Verkündung 98, CPO. 577 Abs. 2 durch Gläubiger, — nicht Schuldner —; Bieter, dessen Gebot nicht erloschen; den, der nach 81 an Stelle Bieters treten soll 97, bei weiterer Beschwerde auch den, dem Erlös bei Verteilung zugeteilt wurde 102.

VII 24 Anm. 2. ist Beschluß rechtskräftig — s. Anm. 1 —, so entweder Aufhebung des Verfahrens, Löschung des Versteigerungsvermerks 34 oder aber, wenn Fortsetzung des Verfahrens noch zulässig, diese nur auf Antrag — binnen sechs Monaten 31—86, BayZfR. 1905 S. 211.

VII 24 Anm. 3. Versagungsgründe, — s. auch WB. 32 Abs. 2; —

keine Bindung an vorherige Entscheidung 79, nur Vorgänge, die aus Protokoll ersichtlich, berücksichtigen 80; s. VII 23 d Anm. 1; — Gründe von Amts wegen berücksichtigen:

a) wenn Gebot mangelhaft VII b 11;

b) wenn nicht zwei Wochen vor Termin Schuldner Versteigerungsbeschluß und allen Beteiligten Terminsbestimmung rechtsgültig zugestellt 83 Nr. 1, 43 Abs. 2;

Ausnahmen: wenn Recht des Beteiligten nicht durch Zuschlag beeinträchtigt oder bei Genehmigung des Verfahrens durch Beteiligten im Terminsprotokoll oder durch öffentlich beglaubigte Urkunden vor Zuschlagsbeschluß 84;

c) bei Verletzung der Vorschriften über geringstes Gebot — s. VII 6 — oder Versteigerungsbedingungen — s. VII 7 — z. B. von gesetzlichen abweichende Versteigerungsbedingungen ohne Zustimmung der durch Abweichung beeinträchtigten Beteiligten — 59 — 83 Nr. 1;

Ausnahmen: wie bei b;

d) wenn bei Versteigerung mehrerer Grundstücke — s. unten XII B a — das Einzel- oder auf Antrag Gesamtausgebot unterblieb 83 Nr. 2, 63 Abs. 1, 2, 5;

Ausnahmen: wie bei b;

e) wenn Gesamthypothek, — Grund- oder Rentenschuld — oder Recht eines gleich- oder nachstehenden Beteiligten, der hiebei dem Gläubiger vorgeht, durch Gesamtergebnis der Einzelausgebote nicht gedeckt wird, — s. XII B c β — 83 Nr. 3, 64 Abs. 2 Satz 1, Abs. 3;

Ausnahmen: wie bei b;

f) wenn die nach Aufforderung zur Abgabe von Geboten erfolgte Anmeldung oder Glaubhaftmachung eines Rechts zurückgewiesen ist, ohne daß — s. VII 9, 66 Abs. 2 — Hinweis auf bevorstehende Ausschließung weiterer Anmeldungen erfolgte 83 Nr. 4;

Ausnahmen: wie bei b;

g) wenn der Zv. oder Fortsetzung des Verfahrens Recht eines Beteiligten — insbesondere 37 Nr. 5 — entgegensteht 83 Nr. 5, s. h und VI 5 a;

Ausnahmen: wie bei b;

h) wenn Zv. oder Fortsetzung des Verfahrens aus sonstigem — außer g — Grund unzulässig, z. B. örtliche Unzuständigkeit (s. II 1), Verstoß gegen BGB. 134, kein oder nicht genügender Vollstreckungstitel, Antrag usf. 83 Nr. 6;

keine Ausnahme, Zuschlag stets versagen 84, 33; vom Beschwerdegericht von Amts wegen berücksichtigen 100 Abs. 3;

i) wenn ordnungsmäßige — 37 — öffentliche Bekanntmachung der Terminsbestimmung nicht sechs Wochen vor Termin 83 Nr. 7, 43 Abs. 1, 39; s. auch HessAG. Art. 4 Abs. 2;

keine Ausnahme, stets Zuschlag versagen 84, 100 Abs. 3;

k) wenn einstündige Frist zwischen Aufforderung zur Abgabe von Geboten und Schluß der Versteigerung — s. VII 17 — nicht eingehalten oder Versteigerung nicht solang, bis trotz Aufforderung kein Gebot mehr — s. VII 15 — 83 Nr. 7, 73 Abs. 1; — SächsAnn. 25 S. 94;

keine Ausnahme, stets Zuschlag versagen 84, 100 Abs. 3;

l) wenn vor Schluß der Verhandlung über Zuschlag Beteiligter, dessen Recht durch Zuschlag beeinträchtigt, — also nicht die im geringsten Gebot, Mieter, Pächter, — Antrag auf neuen Versteigerungstermin stellt — VII 22 — und sich „zugleich“ zu Protokoll verpflichtet, Schaden zu ersetzen und auf Verlangen eines Beteiligten, — auch Schuldners, — Sicherheit in Höhe bisherigen Bargebots leistet 85, OLG. 2 S. 81;

Versagung des Zuschlags: Anberaumung neuen Termins, Zustellung auch an bisherigen Meistbietenden 85 Abs. 2, Feststellung neuen geringsten Gebots und der Versteigerungsbedingungen; bisheriges Meistgebot nebst Zinsen und Kosten gilt als von Beteiligten abgegebenes Gebot 85 Abs. 3; s. auch VII 23 d Anm. 6, VI 7 b Nr. f;

VII 24 Anm. 4. für Bayern s. auch BayZfR. 1905 S. 211.

VIII. Terminsbestimmung zur Verteilung des Erlöses.

§ 105.

Gesch.Nr.

Terminsbestimmung.[1, 2, 3]

Im Verfahren zum Zweck der Zwangsversteigerung des auf den Namen des im Grundbuch des Amtsgerichts für Band Blatt=Nr. eingetragenen, in , Gemeinde , amts (Kreis) gelegenen Grundstücks Plan=Nr. wird Termin[4] zur Verteilung des Versteigerungserlöses (und zur Rechnungsabnahme) auf

vormittags

vor dem Amtsgericht Zimmer=Nr. bestimmt.

Die Beteiligten werden aufgefordert, binnen zwei Wochen von Zustellung dieser Terminsbestimmung an eine Berechnung ihrer Ansprüche bei unterfertigtem Gericht (Kommissär) einzureichen.[5]

Wer eine Zahlung aus dem Versteigerungserlös beansprucht, hat die Urkunden über seinen Anspruch und die zu seiner Legitimation erforderlichen Urkunden (Hypothekenbrief, Grundschuldbrief, Vollmacht usf.) vor dem Termin einzureichen oder spätestens in dem Termin vorzulegen.[6]

Die Uebersendung des einem Berechtigten nach dem Verteilungsplan zugeteilten Betrags erfolgt, wenn der Berechtigte in dem Termin nicht erschienen ist, durch die Post und zwar bei Beträgen bis zu 300 Mk. ohne weiteres, bei höheren Beträgen auf seinen Antrag.[8]

den

Amtsgericht[7] (Der Kommissär)

VIII Anm. 1. fällt weg bei außergerichtlicher Verteilung, s. unten XI, 143—145.

VIII Anm. 2.

a) **zustellen** — 3 — 8 — den Beteiligten, auch denen, die ihr Recht noch glaubhaft zu machen haben; dem Eigentümer zur Zeit des Zuschlags; denen, die Anspruch auf Erlös angemeldet; dem Ersteher und zahlungspflichtigen Dritten nach 61 und Meistbietenden nach 81 Abs. 2, 3: diesen mindestens 2 Wochen vor Termin, sonst dieser aufheben, wenn Verfahren nicht genehmigt 105 Abs. 2 und 4;

b) an Gerichtstafel des Vollstreckungsgerichts; — nicht veröffentlichen 105 Abs. 3, VW.35 Abs. 2.

VIII Anm. 3. Terminsbestimmung zur **weiteren** Ausführung des Teilungsplans

a) bei nachträglicher Ermittlung des Berechtigten: zustellen dem Berechtigten, dessen Vertreter, dem Beteiligten, dem Betrag anderweit zugeteilt und Eigentümer zur Zeit des Zuschlags, ferner dem, der Widerspruch gegen Anspruch erhoben hat 139; — Klagefrist nach CPO. 878 beginnt mit Termin;

b) nach Erlassung des Ausschlußurteils, zustellen dem Antragsteller; demjenigen, dem im Urteil Rechte vorbehalten; dem Vertreter des unbekannten Berechtigten und dem Eigentümer zur Zeit des Zuschlags; — keine Ladung! 141.

VIII Anm. 4. Terminsbestimmung kann sofort nach Verkündung des Zuschlagsbeschlusses — VII 23 — erfolgen; — bei Beschwerde Termin soweit hinaus, daß Beschwerde vorher entschieden oder Termin vorerst aufheben 96, CPO. 572 Abs. 2 und 3, WV. 35.

VIII Anm. 5. Aufforderung nicht erforderlich; — bei Nichtbeachtung derselben kein Rechtsnachteil;

bei Aufforderung nach Ablauf der Frist: provisorischen Teilungsplan fertigen, spätestens 3 Tage vor Termin auf Gerichtsschreiberei zur Einsicht der Beteiligten; — Abschrift; — sonst Teilungsplan erst im Verteilungstermin 113, 106, s. IX Anm. 23, WV. 36.

VIII Anm. 6. nicht vorgeschrieben, aber empfehlenswert.

VIII Anm. 7. in Württemberg durch Kommissär WAG. Art. 273, in Baden und Elsaß-Lothringen durch Notar BadAG. 1, ElsLothAG. 1; sonst — auch in Bayern BAG. Art. 25 — durch Gericht, BayZfR. 1905 S. 210.

VIII Anm. 8. Art der Auszahlung nach Landesgesetz 117 Abs. 2, s. IX Anm. 29.

IX. Verteilungstermin.

Kaufgelderbelegungstermin.

Protokoll: 127 Abs. 3, s. auch WB. 37.

(Bei Zwangsverwaltung XIII C 2 d, rechnerische Beispiele IX Anm. 22.)

Gesch.Nr.

Amtsgericht[1] .... (Kommissär)

Anwesend: Amtsrichter ....

.... als Rechnungsverständiger.[3] den

Im Verfahren zum Zweck der Zwangsversteigerung des auf den Namen des .... im Grundbuch des Amtsgerichts für .... Band Blatt-Nr. eingetragenen in ...., Gemeinde ...., ... amts (Kreis) .... gelegenen Grundstücks Plan-Nr. steht heute Termin zur Belegung und Verteilung des Versteigerungserlöses[2] (und zur Rechnungsabnahme) an.

Zu demselben hatten sich nach Aufruf der Sache folgende Beteiligte eingefunden: ....

Mit den persönlich bekannten und geschäftsfähigen Beteiligten wurde, nachdem festgestellt worden war, daß die erste Beschlagnahme des Grundstücks am .... bewirkt ist, unter Zuziehung des .... als Rechnungsverständigen,[3] wie folgt verhandelt:

I.

Die zu **verteilende Masse**[4] wird dahin festgestellt:

1. Das eingangs bezeichnete Grundstück wurde mit am .... verkündeten Zuschlagsbeschluß dem ...., nachdem derselbe im Versteigerungstermin vom .... Meistbietender geblieben war, für den durch Zahlung zu berichtigenden Betrag von .... und unter folgenden Bedingungen zugeschlagen: ....

   ....

   Der Ersteher hat in dem Versteigerungstermin für sein Meistgebot eine bare Bietungssicherheit nicht geleistet. Es ist von ihm sonach der gesamte Versteigerungserlös zu verzinsen.

Diese Zinsen zu 4% vom Zuschlag an bis heute betragen:

....

Der Ersteher hat den Versteigerungserlös zu .... nebst diesen Zinsen zu .... zu erlegen.[4]

2. Es bleiben daneben die nachfolgenden Lasten bestehen und sind vom Ersteher zu übernehmen:[5]

....

II.

Es erfolgten noch folgende Anmeldungen:[6]

Aus der nach Abschn. I verfügbaren Masse beanspruchen nunmehr, bzw. gelangen von Amts wegen zur Berücksichtigung folgende **Ansprüche**[7] (in nachfolgender Reihenfolge):

1. Kosten des Verfahrens;[8] laut Kostenrechnung Beleg-Nr. ;
2. aus den Nutzungen des Grundstücks nicht ersetzbare Ausgaben einer Zwangsverwaltung;[9] s. Beleg-Nr. ;
3. laufender und aus letztem Jahr rückständiger Liedlohn — bei land- und forstwirtschaftlichem Grundstück;[10] s. Beleg-Nr. ;
4. laufende und aus letzten zwei Jahren rückständige öffentliche Lasten;[11] laut Anmeldung Nr. ;
5. Ansprüche aus Rechten an dem Grundstück, soweit sie nicht infolge Beschlagnahme unwirksam, laufende und aus letzten zwei Jahren rückständige Zinsen usf. der dem Beschlagnahmegläubiger vorgehenden Rechte am Grundstück — bis zum Zuschlagstag[12] (von Amts wegen!);
6. Anspruch des betreibenden Gläubigers: Kosten, Zinsen, Hauptsache;[13]
7. Rechte am Grundstück, soweit sie infolge Beschlagnahme dem Gläubiger gegenüber unwirksam wurden;[14]
8. länger als zwei Jahre rückständige öffentliche Lasten;[15]
9. länger als zwei Jahre rückständige, dem Beschlagnahmegläubiger vorgehende Zinsen usf.;[16]

Zur Deckung des Gesamtbetrags der Ansprüche . zu ....
ist die bare Teilungsmasse . . . . „ ....
unzulänglich um . . . .

Die anwesenden Beteiligten, auch Schuldner .... wurden vom Gericht (Kommissär) angehört.[17]

Für den Fall des Nichtbestehens der bei Feststellung des geringsten Gebots berücksichtigten Hypothek zu .... wird die Forderung gegen den Ersteher zu .... — unter Beibehaltung der für die Hypothek bestandenen Bestimmungen über Verzinslichkeit, Zinssatz, Zahlungszeit, Kündigung und Zahlungsort — dem Gläubiger .... übertragen.[18]

Es wurde von dem Beteiligten .... Widerspruch[19, 20] gegen den Anspruch des (Nr. des Plans) erhoben, weil er durch denselben an seinem Recht geschädigt werde. Ueber diesen Widerspruch wurde sofort verhandelt, aber eine Einigung nicht erzielt.

Mit Rücksicht auf den erhobenen Widerspruch wird festgestellt,[21] daß falls der Widerspruch des als begründet erklärt wird, der streitige Betrag von an zu zahlen ist.

Dem Widersprechenden wurde aufgegeben, binnen einem Monat den Nachweis der Klageerhebung gegen zu diesen Akten zu führen, widrigenfalls der Verteilungsplan gegen ihn wirksam wird.

III.

Es wurde nunmehr folgender **Teilungsplan**[22] aufgestellt:[23, 24]

A. Aus der nach Abschn. I verfügbaren Masse von .... sind vorweg die Kosten des Verfahrens mit gedeckt worden. Es gelangen sodann die Ansprüche aus Abschn. II

Nr. 2 mit

Nr. 3 „

usf.

zusammen mit . . . .

voll zur Hebung.

B. Der Rest der Masse mit . . . .

wird dem Gläubiger auf seinen Anspruch in Abschn. II Nr. von zusammen .... derart zugeteilt, daß zuerst die Nebenspesen mit zusammen . . . .

zur Hebung kommen, der Rest von . . . .

auf das Kapital entfällt, so daß hievon ausfällt . . ..

Es fallen ferner aus die Ansprüche Abschn. II Nr. ....

mit .... usf., so daß im Ganzen ausfallen . ...

Es wurde über diesen Teilungsplan[22] sofort verhandelt.[25] Gegen denselben wurden Einwendungen nicht erhoben, jedoch der am Schluß des Abschn. II erhobene Widerspruch aufrecht erhalten.

IV.

Hierauf wurde zur **Ausführung des Teilungsplans** geschritten.[26]

1. Der Ersteher und der Gläubiger .... überreichen Urkunde des Notariats vom .... Gesch.R.Nr. ...., inhaltlich deren der Gläubiger .... und der Ersteher .... vereinbart haben, daß die Rechte aus der Eintragung im Grundbuch für .... Abt. III Nr. in Höhe von .... auf dem Grundstück unter den in der Urkunde vereinbarten abändernden Bedingungen bestehen bleiben sollen und wiederholen diese Erklärung hiemit.

2. Gläubiger .... erklärt, daß seine Forderung von dem Ersteher in Höhe von .... bereits befriedigt sei und er daher dem Ersteher überlasse, diesen Betrag gegen den Versteigerungserlös aufzurechnen.

Aus den mit Einschluß der Zinsen .... betragenden Versteigerungserlös, bringt Ersteher

a) die laut Vereinbarung unter 1 als Recht an dem Grundstück bestehen bleibenden ....

b) die nach 2 bereits berichtigten .... in Anrechnung und zahlt den verbleibenden Rest zu .... (oder von dem verbleibenden Rest den Betrag von ....) bar zu Gerichtshanden[27]. (Soweit Zahlung nicht erfolgt ist, tritt Forderung gegen Ersteher, die durch Beschluß an Berechtigte übertragen wird.)

3. Hievon wurden sofort an die anwesenden Beteiligten ausbezahlt[28] .... und an folgende Gläubiger auf deren Gefahr und Kosten übersendet[29]: ....

Folgende Beträge wurden nach verkündeten Beschlüssen hinterlegt[28]:

a) .... für ...., weil gegen diesen Anspruch seitens .... Widerspruch erhoben ist;

b) .... für ...., weil der Berechtigte nicht bekannt ist und sich nicht legitimieren kann.

Es wurde sodann folgender Beschluß verkündet[30]:

Auf den nach Ziff. II Nr. ...... angemeldeten Anspruch des Gläubigers .... entfallen ....

Zu deren Deckung wird hiemit die Forderung gegen den Ersteher ......[30] in Höhe von .... dem Gläubiger .... übertragen[31].

Die Berechnung, Belegung und Verteilung des Versteigerungserlöses wurde allseits als gehörig geschehen anerkannt und von den Beteiligten über die an sie ausgezahlten Beträge durch Namensunterschrift quittiert.

4. Der Ersteher beantragt[32]:

a) Aufhebung der gerichtlichen Verwaltung;

b) Eintragung des Eigentumsübergangs auf ihn in das Grundbuch;

c) Löschung der Einträge in Abt. II Nr. ...... und in Abt. III Nr. ...... des Grundbuchs für .... Band ...... Blatt-Nr. ...... ;

d) Eintragung der neuen Bedingungen zu Post in Abt. III Nr. ...... gemäß der oben IV 1 übergebenen notariellen Urkunde.

(Der Ersteher nimmt die von ihm bestellte Sicherheit in Höhe von .... in Empfang und quittiert darüber durch Namensunterschrift.)

5. Die nachfolgenden Urkunden[33] wurden mit folgenden Vermerken versehen und vom unterzeichneten Richter mit dem Gerichtssiegel versehen und durch Namensunterschrift vollzogen:

I. Die Urkunde des Notariats vom Gesch.R.Nr.

Die aus diesem Schuldtitel ersichtliche Forderung ist bei der Zwangsversteigerung des Pfandgrundstücks Band Blatt-Nr. Grundbuch des Amtsgerichtes für zur Hebung gelangt und bar gezahlt (oder durch Uebertragung der Forderung gegen den Ersteher in Höhe von gedeckt) worden.[33]

den

Amtsgericht
(Kommissär)

II. Die über den Eintrag im Grundbuch für Band Blatt-Nr. Abt. III Nr. lautende Urkunde über , welcher Hypothekenbrief durch Einschneiden unbrauchbar[34] gemacht wurde:

Bei der Zwangsversteigerung des Pfandgrundstücks Band Blatt-Nr. Grundbuch des Amtsgerichts für ist die aus diesem Hypothekenbrief ersichtliche Forderung zu ausgefallen. Das Pfandrecht ist erloschen.

den

Amtsgericht
(Kommissär)[35]

Anmerkungen zu IX.

IX Anm. 1. in Württemberg, Baden, Elsaß-Lothringen vor Kommissär oder Notar, sonst — auch in Bayern BAG. Art. 25 — vor Vollstreckungsgericht, s. VIII Anm. 7.

IX Anm. 2. **Verteilungsverfahren** ist dazu **bestimmt**, den Versteigerungserlös und das, was Ersteher sonst zu leisten hat, z. B. Ausgleichung für nachträglichen Wegfall einer im geringsten Gebot aufgenommenen Belastung zur Verteilung unter die Berechtigten zu bringen RG. 51 S. 320.

IX Anm. 3. Rechnungsverständiger, falls erforderlich; Kosten des Verfahrens 113.

IX Anm. 4. Feststellung der **Teilungsmasse** 107 Abs. 1 (bestehen bleibende Rechte s. IX Anm. 5):

a) Bargebot — s. oben VII 7 b — nebst 4% Zinsen seit Zuschlag bis zum Verteilungstermin — etwaige Verminderung bei Vereinbarung nach 91 Abs. 2 und 3; Nachweis vor Erlassung des Ersuchens um Berichtigung des Grundbuchs; — oder die nach 61 von dem als zahlungspflichtig erklärten Dritten erlegte Summe, die mindestens gleich groß sein muß, wie die vom Ersteher zu erlegende Summe ZfR. 4 S. 65;

b) Erlös aus Sonderverwertung 65, 107; — falls noch nicht vorhanden, Nachtragsverteilung;

c) Versicherungsgelder für versicherte Früchte oder Brandschaden, wenn nicht mitversteigert und nach Versteigerungsbedingungen dem Ersteher zugeschlagen RG. 57 S. 270, RG. in JW. 1904 S. 423;

d) **nicht** zu der durch Barzahlung zu verteilenden Teilungsmasse gehört Barbetrag, den Ersteher für Wegfall eines Rechts zu leisten hat, — s. VII 7 b γ — dessen Verteilung abgesondert von der des Bargebots 125, s. IX Anm. 18, Recht 1902 S. 358;

nicht hieher gehören Einkünfte aus schwebender Zwangsverwaltung; hierüber im Zwangsverwaltungsverfahren verfügen;

Absonderungs- und Aussonderungsansprüche Dritter an einzelnen Gegenständen s. unten IX Anm. 20, RG. 51 S. 320.

IX Anm. 5. im Teilungsplan sind auch die nach 91 nicht erlöschenden Rechte anzugeben 113 Abs. 2, s. oben VII 7 b δ; — da nur Bargebot Gegenstand der Verteilung, werden bestehen bleibende Rechte nur als Durchgangsposten, also nicht rechnungsmäßig in Ausweisung des Strichschillings aufgeführt ZfR. 4 S. 70.

IX Anm. 6. Anmeldungen behufs Berücksichtigung im Teilungsplan: erforderlich von

a) nicht im Grundbuch oder ohne Angabe eines Betrags oder Höchstbetrags eingetragenen Rechten — zur Zeit der Eintragung des Versteigerungsvermerks im Grundbuch;

b) nicht im Versteigerungsantrag oder vorher bereits zur Feststellung des geringsten Gebots angemeldeten Ansprüchen, s. VI 5 und IX 7 — zu bestimmtem Geldbetrag spätestens im Termin, spätere Anmeldung unzulässig 114; — laufende Beträge von nach Grundbuch zu entrichtenden wiederkehrenden Leistungen brauchen nicht angemeldet werden 114 Abs. 2; — von Amts wegen zu berücksichtigen s. IX Anm. 7;

hiedurch aber nicht Reihenfolge der Rechte alteriert, soweit Rechte trotz Aufforderung nach 37 Nr. 4 nicht rechtzeitig — im Versteigerungstermin vor Aufforderung zur Abgabe von Geboten VII 10 — 37 Nr. 4, 5, 110, 10 ff. angemeldet, Nachstehen allen übrigen, auch dem Anspruch des Gläubigers und diesem nachstehenden Rechten 110; PosMSchr. 6 S. 117; ob Bereicherungsanspruch nach BGB. 816, 823? OLG. 9 S. 140.

IX Anm. 7. Schuldenmasse umfaßt alle Ansprüche, die aus Versteigerungserlös zu decken, wenn dieser dazu ausreichen würde 114; nur Geldansprüche 37 Nr. 5, 92; — im einzelnen und nach Reihenfolge s. IX Anm. 8—16; — von Amts wegen bei Aufstellung des Teilungsplans zu berücksichtigen:

1. die zur Zeit der Eintragung des Versteigerungsvermerks aus dem Grundbuch nach Betrag oder Höchstbetrag ersichtlichen Rechte; — sonst Beschwerde gegen Teilungsplan nach CPO. 793, IX Anm. 19 a; Bereicherungsklage und Schadensersatzanspruch gegen Staat GBO. 12; — OLG. 9 S. 379;
2. laufende Beträge wiederkehrender Leistungen nach Inhalt des Grundbuchs 13, 114 Abs. 2; — sonst Anmeldung HansGZ. 1901 Beibl. 215; —
3. Anspruch des betreibenden Gläubigers nach dem Versteigerungsantrag, auch Nebenleistungen 114;

nur auf Anmeldung in den Teilungsplan s. IX Anm. 6.

IX Anm. 8. Kosten des Verfahrens 109, s. VII 6 b α; — aus Versteigerungserlös vorweg, Verteilung nur des Ueberschusses! — die eines Vertreters eines unbekannten Beteiligten aus dem diesem zugeteilten Betrag vorweg 135; —

soweit Barerlös nicht reicht, Haftung des Gläubigers; Anmeldung der Kosten seitens Fiskus nicht erforderlich; JW. 1900 S. 84, 1902 S. 102, OLG. 6 S. 441; —

IX Anm. 9. I. Klasse: Ersatz von Ausgaben einer Zwangsverwaltung s. oben VI 5 c α, 10 Nr. 1; — Sicherungshypothek 129.

IX Anm. 10. II. Klasse: Liedlohn s. oben VI 5 c β, 10 Nr. 2; Sicherungshypothek 129.

IX Anm. 11. III. Klasse: öffentliche Lasten, s. oben VI 5 c γ, 10 Nr. 3; weitere Rückstände als zwei Jahre s. VII. Klasse IX Anm. 15; — Sicherungshypothek 129; — Rang unter einander: nach Landesgesetz E. 4 Abs. 1, BadAG. 3 Abs. 2, HessAG. Abs. 3;

regelmäßig wiederkehrende Leistungen werden — im Gegensatz zum Ansatz bei geringstem Gebot 47 — nur bis zum Tag des Zuschlags eingesetzt 89, 104.

IX Anm. 12. IV. Klasse: Ansprüche aus Rechten am Grundstück — Hypotheken, Reallasten, Grund-, Rentenschulden; bei anderen dinglichen Rechten, die durch Zuschlag erlöschen, Anspruch auf Wertersatz 92, — soweit sie nicht betreibendem Gläubiger gegenüber infolge Beschlagnahme unwirksam; — s. III Anm. 9 c, IX Anm. 14; — Ansprüche auf wiederkehrende Leistungen, besonders Zinsen und Annuitäten, nur wegen laufender — 13 und der aus letzten zwei Jahren rückständigen Beträge 10 Nr. 4, die älteren Rückstände s. VIII. Klasse IX Anm. 16; — Einsetzung bis Tag des Zuschlags s. IX Anm. 11 am Ende; — Sicherungshypothek 129;

Ansprüche aus verschiedenen Rechten: nach deren Rangverhältnis; nach Reihenfolge der Eintragungen, Abänderung BGB. 879, 880, 1131; — 11.

IX Anm. 13. V. Klasse: Anspruch des betreibenden Gläubigers, soweit nicht in vorhergehender Klasse 10 Nr. 5; unter mehreren Ansprüchen Vorrang desjenigen, für den Beschlagnahme früher 11 Abs. 2.

IX Anm. 14. VI. Klasse: Ansprüche der IV. Klasse — s. IX Anm. 12 —, soweit infolge Beschlagnahme Gläubiger gegenüber unwirksam, insbesondere also Rechte, die nach Eintragung des Versteigerungsvermerks eingetragen 10 Nr. 6; unter sich nach Rangverhältnis 11.

IX Anm. 15. VII. Klasse: Ansprüche der III. Klasse — s. IX Anm. 11 — wegen der älteren Rückstände 10 Nr. 7.

IX Anm. 16. VIII. Klasse: Ansprüche der IV. Klasse — s. IX Anm. 12 — wegen älterer Rückstände 10 Nr. 8.

IX Anm. 17. Anhören der anwesenden Beteiligten, — auch des Schuldners — seitens des Gerichts 113: — keine mündliche „Verhandlung" SeuffA. 57 Nr. 118.

IX Anm. 18. bei Zahlung eines Betrags, um den sich Meistgebot bei **Wegfall** eines bei Feststellung des geringsten Gebots berücksichtigten Rechts — 50, 51: VII 7 b γ, IX Anm. 4 d — erhöht 125: — Höchst — Maximal — Kautionshypothek s. VII 7 b γ; — nichtbestehendes Recht von Amts wegen berücksichtigen, wenn Recht bedingt oder nach Vorschriften über Gesamthypothek erlischt 50 Abs. 2, sonst nur, wenn amtsbekannt oder auf Antrag;

im Teilungsplan — gesondert von Verteilung des Barbetrags — feststellen, wem Betrag zugeteilt; durch Uebertragung der Forderung gegen Ersteher 125 Abs. 1; an den, — nach Rangordnung von 10—13, s. IX Anm. 8—16 — Beteiligten, der bei Bestehen des Rechts unbefriedigt blieb; etwaiger Ueberschuß an Schuldner; — sind Beteiligte uneinig s. Recht 1902 S. 358; — ist Wegfall des Rechts ungewiß oder streitig, so Uebertragung unter Bedingung; hier bei Uneinigkeit der Beteiligten vorerst keine Verfolgung des Widerspruchs erforderlich 125 Abs. 2;

Uebertragung **nicht** Wirkung der Befriedigung aus Grundstück 125 Abs. 3; — s. IX Anm. 31; — ist Zuzahlungspflicht irrtümlich im Teilungsplan ausgesprochen, so ist diese Bestimmung, auch wenn kein Widerspruch erhoben, gegenstandslos CBlFG. 1903 S. 461.

IX Anm. 19.

a) bei **prozeßrechtlichen** Einwendungen gegen Teilungsplan: sofortige Beschwerde CPO. 793, SeuffA. 57 S. 215, Recht 1902 S. 398;

) bei **materiellrechtlichen** Einwendungen, z. B. bei Bestreiten eines Anspruchs oder Vorrechts eines Gläubigers oder eines Realrechts RG. in JW. 1902 S. 401, SeuffA. 57 S. 20, RG. 51 S. 320, OLG. 3 S. 238, Recht 7 S. 317; — sowohl sofortige **Beschwerde** SächsOLG. 24 S. 91 als auch mündlicher oder schriftlicher **Widerspruch** eines Beteiligten — 9, auch Schuldners, soweit nicht gegen vollstreckbaren Anspruch, in diesem Fall s. IX 25, — des Erstehers, der zugleich Hypothekengläubiger HansGZ. 1901 Beibl. 285; — Anmeldung eines vor Termin angemeldeten, nicht antragsgemäß im Plan aufgenommenen Anspruchs, gilt als Widerspruch gegen Plan 115 Abs. 2;

Widerspruch des Konkursverwalters nur bei rechtlichem Interesse der Konkursmasse JW. 1901 S. 287;

Widerspruch gegen Teilungsmasse s. IX Anm. 20;

Geltendmachung besseren Rechts trotz unterlassenen Widerspruchs, — Bereicherungsanspruch nach BGB. 812, 818, RG. in JW. 1904 S. 369;

Verfahren bei Widerspruch:

1. zunächst Erklärung der Beteiligten, — erfolgt keine, so angenommen, daß Widerspruch nicht als begründet anerkannt wird CPO. 877 Abs. 2; — soweit anerkannt oder Einigung: Berichtigung des Plans 115 Abs. 1, CPO. 876;
2. wenn Widerspruch nicht erledigt, so Ausführung des Plans, soweit nicht durch Widerspruch betroffen CPO. 876; — im **Plan** feststellen, wie streitiger Betrag, falls Widerspruch begründet, zu verteilen; Hinterlegung oder bedingte Uebertragung für die Berechtigten 124, 120, 142; — Eventualverteilung auch, wenn zwischen Ersteher und Berechtigten Vereinbarung nach 91 Abs. 2 OLG. 6 S. 98;
3. Gläubiger, der im Termin **nicht** widerspricht, ist bei anderweitem Verteilungsverfahren **nicht** zu berücksichtigen, ist des Widerspruchsrechts für weitere Verfahren verlustig CPO. 876, RG. 26 S. 420, OLG. 6 S. 441;

Beispiel: nacheinanderfolgende Forderungen A, B, C, D je 100 Mk.; nach Plan kommen A und B mit je 100 Mk. zum Zug, C und D fallen aus; D widerspricht den Ansprüchen A und B, C widerspricht nicht; — nachträglich setzt A Anspruch auf 50 Mk. herab; im neuen Termin sind freigewordene 50 Mk. D zuzusprechen, C geht, weil nicht widersprochen, leer aus.

4. Widersprechende muß ohne Aufforderung binnen einem Monat vom Termintag — wenn Berechtigter unbekannt war, von Zustellung der Benachrichtigung der Ermittlung desselben 137 Abs. 2 oder Termin zur weiteren Ausführung des Plans 139 Abs. 2 an — dem Gericht nachweisen, daß er gegen Beteiligte **Klage** beim Verteilungsgericht oder Landgericht, in dessen Bezirk Verteilungsgericht seinen Sitz — ausschließlich! CPO. 879, 802 — erhoben — CPO. 253, — sonst Ausführung des Plans ohne Rücksicht auf Widersprechenden CPO. 878 Abs. 1, — doch bleibt Anspruch des Widersprechenden gegen Gläubiger aufrecht, aber nicht Feststellungsklage CPO. 878 Abs. 2, OLG. 3 S. 335, 8 S. 9; PucheltsZ. 32 S. 600; JW. 1904 S. 72;
5. im **Urteil** bestimmen, an welche Gläubiger und in welchen Beträgen streitiger Teil zu zahlen oder Anordnung neuen Plans und Verteilungsverfahrens; — auf Grund desselben Auszahlung oder neues Verteilungsverfahren durch Vollstreckungsgericht 115, CPO. 880—882.

IX Anm. 20. soweit **Widerspruch gegen Teilungsmasse** — s. IX Anm. 4 — z. B. Geltendmachen eines am Zv.verfahren nicht Beteiligten, daß in Masse ein nicht zu ihr gehörender Gegenstand oder eines Rechts auf vorzugsweise Befriedigung, so liegt kein Widerspruch nach 115 vor, sondern Anspruch analog konkursrechtlicher Aus- und Absonderung, deshalb Klage auch ohne Widerspruch im Termin zulässig und ohne Einhaltung der Frist der CPO. 878 RG. 51 S. 320.

IX Anm. 21. Eventualverteilung im Plan s. IX Anm. 31; XII c II 4; 124, 120, 142.

IX Anm. 22. **Beispiel eines Teilungsplans** zu dem Beispiel VII 6 f, S. 33) — Zuschlag erfolgte im Termin v. 15. August; — Verteilungstermin steht an auf 15. Oktober.

Die **Teilungsmasse** wird festgestellt auf:

Bargebot	1200 Mk.
4 % Zinsen v. 15. August — 15. Oktober =	8 „
	1208 Mk.

Hierauf hat Ersteher im Termin nur 400 Mk. bar bezahlt.

Die **Schuldenmasse** setzt sich wie folgt in folgender Reihenfolge zusammen:

1. Kosten des Verfahrens	200.— Mk
2. Ausgaben B für Zwangsverwaltung	100.— „

3. Fiskus:	
a) Malzaufschlag	100.— Mk.
b) Grundsteuer der letzten zwei Jahre	200.— „
c) laufende Grundsteuer bis 15. August (!)	88.— „
4. .... Bank:	
a) $4^1/_2$ % Zins aus 10 000 Mk. v. 1. April bis 15. August	168.75 „
b) Darlehensforderung zu	10 000.— „
5. N. B.	
a) 5 % Zins aus 2000 Mk. vom 1. April — 15. August =	37.49 „
b) „ „ „ „ „ seit zwei Jahren vor 1. April =	200.— „
c) Darlehensforderung	2 000.— „
6. N. C. Kautionshypothek	10 000.— „
7. N. A. (betreibender Gläubiger)	
a) 4 % Zins aus 1000 Mk. vom 15. Juni — 15. August =	3.33 „
b) Darlehensforderung =	1 000.— „
8. N. D. Sicherungshypothek	500.— „
9. N. B. 5 % Zins aus 2000 Mk. für drittes Jahre vor 1. April	100.— „

Teilungsplan: Aus obiger Teilungsmasse zu 1208 Mk. werden getilgt und zwar durch Barzahlung, bzw. Uebersendung des Betrags auf Gefahr und Kosten der Empfänger:

vorweg die Kosten des Verfahrens mit	200.— Mk.
sodann Ziff. 2 und 3 a zu insgesamt	200.— „

ferner werden getilgt durch Uebertragung der Forderung an den Ersteher auf die nachbenannten Gläubiger zu den beigesetzten Beträgen:

Ziff. 3 b und c: Fiskus	288.— Mk.
Ziff. 4 a .... Bank	168.75 „
Ziff. 5 a und b: N. B.	237.49 „
	694.24 Mk.
hiezu obige	400.— „
	1094.24 Mk.

Die hienach von der Teilungsmasse verbleibenden (1208—1094.24 Mk.) = 113.76 Mk. nebst 4 % Zinsen vom 15. Oktober entfallen auf die Forderung des betreibenden Gläubigers N. A. — zuerst, da Kosten der Rechtsverfolgung nicht angemeldet, auf Zinsen, dann Kapital.

Es bleiben daneben folgende Lasten bestehen und sind vom Ersteher zu übernehmen:

Ziff. 4 b. Hypothek der Bank zu 10 000 Mk. nebst $4^1/_2$ % Zins vom 15. August an.

Ziff. 5 c. Darlehensforderung N. B. zu 2000 Mk. nebst 5 % Zins vom 15. August an.

Ziff. 6. Kautionshypothek N. C. zu 10 000 Mk.

Ferner die Weggerechtigkeit für N. N.

Der nicht gedeckte Teil der Hypothek des N. A., die Sicherungshypothek N. D., sowie die unter Ziff. 9 oben aufgeführte Zinsforderung N. B. erlöschen.

Für den Fall die Kautionshypothek N. C. zu 10 000 Mk. (Ziff. 6) nur in Höhe von 5000 Mk. begründet ist, wird die Forderung gegen den Ersteher zu 5000 Mk. — ohne Zinsen, da die Kautionshypothek unverzinslich war — in Höhe von 889.57 Mk. dem Gläubiger N. A., in Höhe von 500 Mk. dem N. D., in Höhe von 100 Mk. dem N. B., in Höhe von 3510.43 Mk. dem Schuldner X. übertragen.

Fortsetzung: Eintragung von Sicherungshypotheken s. X A I 4.

IX Anm. 23. Teilungsplan im Verteilungstermin aufstellen, auch wenn schon vorher vorbereitet 106, s. VIII 5; in Protokoll aufnehmen oder als Anlage beifügen 113; — Beispiel s. IX Anm. 22; — nach Feststellung der Teilungsmasse — IX Anm. 4, — muß festgestellt werden: welche Rechte und in welcher Reihenfolge zum Zug gelangen — Schuldenmasse 114 — und welche Rechte bestehen bleiben 113 Abs. 2; sodann die Zuteilung der Teilungsmasse auf die Schuldenmasse;

hierauf erfolgt die Ausführung des Plans 115—118, 120—126; — s. unten Anm. 26 ff.

IX Anm. 24. aus dem Versteigerungserlös sind zunächst die Kosten des Verfahrens zu entnehmen — s. IX Anm. 8, 109 Abs. 1; — Ueberschuß verteilt auf die Rechte, die durch Zahlung zu decken 109 Abs. 2; — es haben also hier Rechte, die bestehen bleiben, unberücksichtigt zu bleiben, sind aber im Verteilungsplan ausdrücklich anzugeben 113 Abs. 2, IX Anm. 5; — etwaiger Ueberschuß zugunsten des Subhastaten kann schon vor Verteilungstermin beschlagnahmt werden Recht 1905 S. 112;

die durch Zahlung zu deckenden Rechte — Bargebot — s. VII 6 b β und 7 b α;

hiebei zu beachten:

a) **Rangordnung** der Rechte:

bei gleichem Rang nach Verhältnis der Beträge 10 Abs. 1; spätere Klasse erst dann, wenn alle Ansprüche der vorhergehenden befriedigt;

in Preußen: Anspruch auf Ersatz der seitens der Obrigkeit zur Abwendung dringender Gefahr bei verfallenen Gebäuden ersetzten Verwendungen vor allen anderen Ansprüchen PAG. Art. 30;

Ansprüche aus **einem** Recht folgende Rangordnung:

α) Kosten der Kündigung und Befriedigung aus Grundstück bezweckenden Rechtsverfolgung, besonders der Anordnung des Verfahrens oder Beitritt 109, 12 Nr. 1, 10 Abs. 2, — Sicherungshypothek 129;

β) Ansprüche auf Nebenleistungen, besonders Zinsen 12 Nr. 2;

γ) Hauptanspruch 12 Nr. 3;

Rangordnung der Rechte im einzelnen s. IX Anm. 8—16;

b) Aufnahme der Ansprüche nach Eintragung im Grundbuch zur Zeit der Eintragung des Versteigerungsvermerks, sonst nach Anmeldung, s. IX Anm. 6 und 7, 114.

c) **betagter** Anspruch **gilt** als fällig; — durch Zv. wird Hypothekenforderung nicht fällig; — Ansatz mit Zinsen bis Verteilungstermin; — bei unverzinslichem Anspruch Interusurium — 4% Zinsen von Zahlung bis Fälligkeit — in Abzug 111; — ist Verfalltag unbestimmt, so gilt Anspruch als aufschiebend bedingt 111, 120, s. d, ZfR. 4 S. 67;

d) **bedingte** Ansprüche zunächst wie unbedingte im Teilungsplan, zugleich aber feststellen, wer Betrag erhält, wenn Bedingung ausfällt oder eintritt 119; Höchst-Maximal-Kautionshypotheken sind unbedingte Hypotheken s. VII 7 b γ; OLG. 9 S. 382;

bei **aufschiebend** bedingten Ansprüchen: Hinterlegung des Barbetrags für die Berechtigten oder Uebertragung der Forderung gegen Ersteher an beide Berechtigte unter entsprechender Bedingung; — während Schwebezeit nur gemeinsame Verfügung, Zahlung nur an beide, 120, BGB. 1077—1079, s. IX 28, 29; — wenn Zeit der Fälligkeit ungewiß, gilt Anspruch als aufschiebend bedingt 111, s. c;

bei **auflösend** bedingten Ansprüchen: Betrag an Berechtigten ohne Sicherheit, der bei Eintritt der Bedingung rückzugewähren hat 119, BGB. 158 Abs. 2, 160 Abs. 2, 161 Abs. 2;

auch **vorgemerkte** Rechte berücksichtigen 48, CBlFG. 3 S. 466; s. VII 6 c β;

e) bei Erlöschen eines nicht auf Zahlung eines Kapitals gerichteten Rechts tritt Anspruch auf Wertersatz aus Versteigerungserlös 92, PAG. Art. 35—41; s. oben VII 7 b δ; — bei Nießbrauch, beschränkt persönlicher Dienstbarkeit oder Reallast von unbestimmter Dauer im Teilungsplan Betrag gleich Summe der künftigen Leistungen, höchstens 25fache der Jahresleistung und für Fall nachträglichen Wegfalls, wem Anspruch zufällt 119, zugleich bestimmen, daß aus Zinsen und falls diese nicht reichen, aus Betrag die einzelnen Leistungen bei Fälligkeit zu entnehmen sind 121;

Hinterlegung des Betrags; Anlegung nach Bestimmung des Berechtigten oder Uebertragung der Forderung auf Berechtigten 121 Abs. 2, 120;

Erlöschen des Rechts auf hinterlegten Betrag 30 Jahre seit Hinterlegung, wenn sich Empfangsberechtigter nicht meldet; erhebungsberechtigt Grundstückseigentümer zur Zeit des Zuschlags 142;

f) ist für zugeteilten bar zu zahlenden Betrag Person des Berechtigten **unbekannt**, — hiezu auch: wenn Berechtigter gestorben und Erben unbekannt; wenn Berechtigter Hypotheken- (Grund-, Rentenschuld-)Brief bei Briefhypothek usf. bei Anspruch auf Kapital nicht vorlegen kann — s. γ —; nicht dagegen, wenn Aufenthalt oder Vertreter unbekannt 117 Abs. 2; — so im Teilungsplan, an wen Betrag, wenn Berechtigter nicht ermittelt 126 Abs. 1; — Hinterlegung für unbekannten Berechtigten 126 Abs. 2, — Erlöschen des Rechts auf hinterlegten Betrag nach 30 Jahren, dann empfangsberechtigt: Grundstückseigentümer zur Zeit des Zuschlags 142; — oder Uebertragung der Forderung gegen Ersteher auf Berechtigten 126 Abs. 2; — weiteres Verfahren:

α) Bestellung eines **Vertreters** zur Ermittlung des unbekannten Berechtigten durch Vollstreckungsgericht 135, der zur Ermittlung und Benachrichtigung des Vertretenen verpflichtet 7 Abs. 2, — seine Auslagen und Gebühren aus zugeteiltem Betrag vorweg 135, 109, — im Notfall Gerichtsschreiber BayBek. v. 31. März 1905 § 2 (JMBl. 1905 S. 588); — an Vertreter zuzustellen: Terminsbestimmung, bei nachträglicher Ermittlung des Berechtigten an diesen auch 139, Aufgebot 140 Abs. 4, Terminsbestimmung zur weiteren Ausführung des Plans nach Erlaß des Ausschlußurteils 141;

wird Berechtigter nachträglich ermittelt — vor Erteilung der Ermächtigung zum Aufgebot, — so Weiterausführung des Teilungsplans 137;

β) wird Berechtigter, auf den bar zu zahlender Betrag fällt, nicht vor Ablauf von drei Monaten seit Verteilungstermin ermittelt, so auf Antrag des Eventualberechtigten durch Beschluß des Vollstreckungsgerichts — CPO. 329 Abs. 2 —: **Ermächtigung** desselben zum **Aufgebotsverfahren** zu erteilen 138;

wird nachher — vor Ausschlußurteil — Berechtigter ermittelt, so Mitteilung an Ermächtigten, Erlöschen der Ermächtigung, Einstellung des Aufgebotsverfahrens 138 Abs. 2; — nach Ermessen des Gerichts Termin zur weiteren Ausführung des Teilungsplans; Terminsbestimmung — keine Ladung — zustellen an Berechtigten, dessen Vertreter — s. α —; dem Beteiligten, dem Betrag anderweit zugeteilt; Grundstückseigentümer zur Zeit des Zuschlags; diejenigen, die im Verteilungstermin Widerspruch gegen Anspruch erhoben haben, mit Termin Beginn der Frist zur Klage nach CPO. 878; — 139;

γ) ist Nachweis des Berechtigten nur von Beibringen des Hypothekenbriefs usf. abhängig, so Kraftloserklärung durch zuständiges Prozeßgericht auf Betreiben des Gläubigers BGB. 1162, auch des Eventualberechtigten CPO. 1003 ff., auch wenn Recht bereits gelöscht 136; X A I 3;

δ) nach Erteilung der Ermächtigung — β — **Antrag** des Eventualberechtigten, unter Vorlage der Ermächtigung, an Vollstreckungsgericht: „das Aufgebot zum Zweck der Ausschließung des unbekannten Berechtigten aus dem zugeteilten Betrag herbeizuführen"; — zugleich Angabe der ihm bekannten Rechtsnachfolger des letzten Berechtigten oder Angabe, daß ihm solche nicht bekannt 140 Abs. 1 und 2;

bei Zurückweisen des Antrags: einfache Beschwerde;

ε) ist Antrag begründet, so

Aufgebot.[1]

Im Verfahren zum Zweck der Zwangsversteigerung des auf den Namen des .... im Grundbuch des Amtsgerichts .... für .... Band .... Blatt-Nr. .... eingetragenen, in ...., Gemeinde ...., ...amts (Kreis) .... gelegenen Grundstücks Plan-Nr. .... ist nach dem Teilungsplan des unterfertigten Gerichts[2] vom .... auf die im Grundbuch unterm .... im Betrag von .... eingetragene Hypothekenforderung des .... ein Betrag von .... entfallen. Die Auszahlung konnte nicht erfolgen, weil[3] (z. B. der Gläubiger .... verstorben ist, seine Erben aber unbekannt sind).

Auf Antrag[4] des .... (Eventualberechtigten) ergeht hiemit, nach dessen vorheriger Ermächtigung[5] zur Antragstellung seitens des Gerichts, an die unbekannten Berechtigten die Aufforderung, ihre Ansprüche und Rechte spätestens im Aufgebotstermin,[6] welcher vor unterfertigtem Gericht auf Zimmer-Nr. anberaumt wird, anzumelden,[7] widrigenfalls ihre Ausschließung von der Befriedigung aus dem zugeteilten Betrag erfolgen wird.[8]

.... den

Amtsgericht

IX 24 f ε Anm. 1.

a) **zustellen** — nach CPO. 208—213 — an den als letzten Berechtigten Ermittelten, den angezeigten Rechtsnachfolgern — s. δ, — dem Vertreter des unbekannten Berechtigten — s. α —, dem Antragsteller 140 Abs. 4, CPO. 329 Abs. 3;

b) **öffentliche Bekanntmachung**: Anheftung an Gerichtstafel und einmaliges Einrücken in Amtsblatt, nicht Reichsanzeiger E. 12, PAG. Art. 14, BAG. Art. 33, SG. 26, 27, WAG. Art. 279, BadAG. 9, HessAG. Art. 10, MecklSchwVO. v. 9. April 1899 § 7, ElsLothAG. 13.

IX 24 f ε Anm. 2. Vollstreckungsgericht 140 Abs. 1, CPO. 947, WB. 42, ElsLothAG. 1 Abs 2.

IX 24 f ε Anm. 3. s. oben α.

IX 24 f ε Anm. 4. Antragsteller kann Erstattung der Kosten aus zugeteiltem Betrag verlangen 140 Abs. 6, CPO. 947, WB. 42.

IX 24 f ε Anm. 5. s. oben β.

IX 24 f ε Anm. 6. Aufgebotsfrist: von Einrücken in Amtsblatt bis Termin mindestens sechs Wochen CPO. 950, E. 12, BAG. Art. 33; in Preußen: mindestens drei Monate PAG. Art. 14 Abs. 2.

IX 24 f ε Anm. 7. Anmeldung im Vollstreckungsverfahren gilt auch für Aufgebotsverfahren 140 Abs. 5; — nach Schluß des Termins, vor Erlassung des Ausschlußurteils genügt CPO. 951.

IX 24 f ε Anm. 8. 140 Abs. 3, CPO. 947 Abs. 2 Nr. 3.

ζ) im Aufgebotstermin oder vorher — CPO. 952 — Antrag auf Erlassung des Ausschlußurteils; — ist dieser Antrag nicht gestellt, so binnen sechs Monaten Antrag auf neuen Termin zulässig, keine öffentliche Bekanntmachung CPO. 954, 955; — Anordnung des Gerichts auf nähere Ermittlung, auch Versicherung an Eidesstatt CPO. 952 Abs. 3;

bei Zurückweisung des Antrages sofortige Beschwerde CPO. 952 Abs. 4;

Ausschlußurteil

zu verkünden, nicht zuzustellen; kein Rechtsmittel, nur Anfechtungsklage nach CPO. 957, 958:

Im Namen (S. Majestät des Königs).

Im Verfahren zum Zweck der Zwangsversteigerung des auf den Namen des .... im Grundbuch des Amtsgerichts .... für .... Band ..... Blatt-Nr. ..... eingetragenen, in ...., Gemeinde .... amts (Kreis) .... gelegenen Grundstücks Plan-Nr. .... zu ...... ha, hier Antrag des .... (Antragstellers) betreffend Aufgebot der unbekannten Berechtigten ergeht **Urteil** dahin:

1. Die unbekannten Berechtigten des laut Teilungsplan des .... gerichts ....vom .... auf die im Grundbuch des Amtsgerichts .... für .... ,Band ...... Blatt-Nr. ...... unterm ...... im Betrag von .... eingetragene Hypothekforderung des .... entfallenden Betrags zu .... werden von der Befriedigung aus diesem Betrag ausgeschlossen.
2. Die Kosten des Aufgebotsverfahrens hat der Antragsteller zu tragen.

Gründe:

f) **nach** Erlassung des Ausschlußurteils: Anberaumung neuen Termins zur weiteren Ausführung des Teilungsplans; — Terminsbestimmung ist **zuzustellen** an Antragsteller, Personen, denen Rechte im Urteil vorbehalten, Vertreter des unbekannten Berechtigten, Eigentümer des Grundstücks zur Zeit des Zuschlags 141;

g) bei nachträglichem Wegfall eines Rechts s. IX Anm. 4 d und 18.

IX Anm. 25. **sofortige Verhandlung** über Teilungsplan 115; — s. auch IX Anm. 19 und 20;

Ersteher nicht zu hören; dagegen **Schuldner,** soweit dieser gegen vollstreckbaren Anspruch Widerspruch erhebt, nach CPO. 767, 769, 770, also Klage und prozeßrichterliche Anordnung 115 Abs. 3; Sicherheitsleistung 115 Abs. 3 und 4, 124 Abs. 3, OLG. 6 S. 98;

wird im Termin **kein** Widerspruch erhoben, so Plan ausführen 115 Abs. 1, CPO. 876; auch ohne Widerspruch Bereicherungsklage RG. in JW. 1904 S. 369;

gegen Gläubiger, der im Termin nicht erschienen, angenommen, daß er mit Plan einverstanden, ist er bei von anderem Gläubiger erhobenen Widerspruch beteiligt, so angenommen, daß er Widerspruch nicht anerkennt, Widersprechende muß also auch gegen ihn klagen 115 Abs. 1, CPO. 877.

IX Anm. 26. **Ausführung des Teilungsplans** — (s. folgende Anm.):

durch Zahlung, Uebertragung der Forderung oder Hinterlegung; — seitens des Vollstreckungsgerichts, auch in Bayern BAG. Art. 25, — durch Kommissär oder Notar WAG. Art. 273, BadAG. 1, ElsLothAG. 1;

„soll" bis Rechtskraft des Zuschlags ausgesetzt werden auf Antrag des Erstehers oder Zahlungspflichtigen nach 61 oder Meistbietenden nach 81 Abs. 2, 3 — 116, BuschsZ. 31 S. 403.

IX Anm. 27. **Zahlungen** des Erstehers an Gericht, wenn nicht andere Versteigerungsbedingung: Bargebot nebst Zinsen 49, 107 Abs. 2, s. IX Anm. 4 a;

soweit dies nicht der Fall, Uebertragung der Forderung gegen Ersteher auf Berechtigten 118, s. auch IX Anm. 30; — zur Sicherheit für Gebot hinterlegter Betrag — 69 Abs. 2, s. oben VII 12 — gilt als gezahlt 107 Abs. 3;

Veräußerung hinterlegter Wertpapiere, soweit erforderlich, ohne Antrag durch Gericht — CPO. 821, 822, 823 —, Erlös nach Anordnung des Gerichts auszahlen oder hinterlegen, — wenn gegen Zuschlag Beschwerde, so „soll" auf Antrag Veräußerung ausgesetzt werden 108;

bei Zahlung des Dritten, wenn Zahlungsfristen bedungen — 61 —, so steht ihm Forderung gegen Ersteher zu, hiefür Sicherungshypothek an versteigertem Grundstück auf Ersuchen des Vollstreckungsgerichts 134.

IX Anm. 28. soweit Versteigerungserlös in Geld — 107, 108, s. oben IX Anm. 4 — **Zahlung** im **Termin** an anwesende Berechtigte 117, WV. 38;

Prozeßvollmacht ohne ausdrückliche Vollmacht zum Geldempfang nicht genügend CPO. 81; — Vormund bedarf Genehmigung des Gegenvormunds oder Vormundschaftsgerichts bei Empfangnahme von Kapitalzahlungen über 300 Mark BGB. 1812, 1813;

Zahlung an im Termin Abwesende s. IX Anm. 29,

soweit Auszahlung nicht sofort erfolgen kann: **Hinterlegung** — WV. 38 Abs. 2 — unter entsprechender Bedingung 119, s. IX Anm. 24 d;

dann Auszahlung, s. auch CPO. 882;

oder Erteilung einer Anweisung auf hinterlegten Betrag 117 Abs. 2, 3; — Erlöschen des Rechts auf hinterlegten Betrag mit Ablauf von 30 Jahren seit Hinterlegung, wenn sich Empfangsberechtigter nicht vorher bei Hinterlegungsstelle meldet; Betrag an Grundstückseigentümer zur Zeit des Zuschlags 142; s. auch PreußHinterlO. vom 14. März 1879 in Fassung des Art. 84 AGzBGB. §§ 58 b — 69.

IX Anm. 29. Uebersendung des Geldes an im Termin nicht anwesende Berechtigte auf deren Gefahr und Kosten 117 Abs. 2, BAG. Art. 32, HinterlO. §§ 23, 29 (GuVBl. 1899 S. 1038); WAG. Art. 278, BadAG. 8, HessAG. Art. 9, MecklSchwVO. vom 9. April 1899 § 6, ElsLothAG. 12; — auf Antrag auch Auszahlung durch ersuchtes Gericht PAG. Art. 11, PreußHinterlO. vom 14. März 1879 §§ 25, 26, 30, 31.

IX Anm. 30. Uebertragung der Forderung — s. auch IX Anm. 31 und 32, — durch Erklärung des Vollstreckungsbeamten, die in das Protokoll aufgenommen werden muß; Zustellung der im Termin verkündeten Erklärung an nicht im Termin anwesende Berechtigte nicht erforderlich 118; WV. 39; Wirkung der Uebertragung s. IX Anm. 31; — Eintragung der Sicherungshypothek 128, s. X A I 4;

bei Bewilligung von Zahlungsfristen — 60 — an Stelle „Forderung gegen den Ersteher" tritt „Forderung gegen zahlungspflichtig erklärten Dritten ...." 61 Abs. 3, 134; s. X A I 4.

IX Anm. 31. Uebertragung der Forderung gegen Ersteher, — im Fall 61 gegen zahlungspflichtig erklärten Dritten 134 — an Berechtigten erfolgt:

1. wenn Bargebot im Verteilungstermin nicht berichtigt, auch in den Fällen 61, 82, 134, 118;
2. wenn Zahlungsfristen nach 60 festgesetzt 118;
3. wenn Ersteher Betrag nach 50, 51 zu zahlen hat 125; —

ist Anspruch bedingt, bestritten, Person des Berechtigten unbekannt, so Uebertragung unter Beifügung der Einschränkung 120, 123, 124, 126 Abs. 2, s. IX Anm. 24 d, f;

bei Zv. eines Schiffes, wenn Berichtigung nicht im Verteilungstermin, für Forderung gegen Ersteher Pfandrecht am Schiff im Schiffsregister eintragen; Pfandrecht entsteht mit Eintragung, auch wenn Schiff inzwischen veräußert 169 Abs. 2, 171, BGB. 1259 ff.;

Eventualübertragung bei Gesamtbelastung s. XII c II 4;

Wirkung der Uebertragung:

Mit Uebertragung geht Forderung auf Berechtigten über, neuer Gläubiger tritt an Stelle des bisherigen, OLG. 2 S. 332;

Uebertragung zu 1 und 2; — nicht im Fall von 50, 51 s. IX Anm. 21, 125 Abs. 3; — wirkt wie **Befriedigung** aus Grundstück 118 Abs. 2: somit Freiwerden des bisherigen Schuldners von persönlicher Schuld, Erlöschen der für letztere bestellten akzessorischen Rechte usf.;

Ausnahmen von Wirkung der Befriedigung aus Grundstück: im Fall der Nr. 1; — (**nicht** bei Zahlungsfristen, hier nur Antrag im Versteigerungstermin nach 61, s. oben VII 7 b α — zulässig):

a) bei **Verzicht** — schriftlich BGB. 130 — des Berechtigten binnen 3 Monaten von Verkündung, ev. Zustellung an gegenüber Vollstreckungsgericht auf Recht aus Uebertragung;

— Verzichtender hört auf, Gläubiger des Erstehers zu sein, Wiederaufleben des früheren Schuldverhältnisses; — Mitteilung des Verzichts seitens des Gerichts an Ersteher und den, auf welchen Forderung infolge Verzichts übergeht, 118 Abs. 2;

b) bei neuem **Antrag** des Berechtigten binnen 3 Monaten auf Zv. gegen Ersteher oder späteren Eigentümer; — selbständiges Verfahren, nicht etwa Wiederversteigerung gegen früheren Schuldner, wie bisher in Bayern 118 Abs. 2, s. auch 128 Abs. 4, 132, 133, s. VII 7 b γ, 23 d Anm. 9 a, 16 b; X A I 4 f, B b; — auch Recht eines einzelnen Miterben auf Wiederversteigerung OLG. 9 S. 421.

IX Anm. 32. s. X.

IX Anm. 33. vorgelegter vollstreckbarer Titel nicht unbrauchbar machen, sondern Vermerk durch Gericht auf Titel, in welchem Umfang Betrag gedeckt — Wortlaut des Vermerks in Protokoll 127 Abs. 2 und 3; — zurückgeben an den, der ihn eingereicht, bei voller Befriedigung an Schuldner CPO. 757; — s. X C 4.

IX Anm. 34. Hypotheken- (Grund-, Rentenschuld)brief ist, wenn Recht durch Zv. erloschen, unbrauchbar zu machen — s. oben VII 7 b δ, — wenn nur zum Teil erloschen, so Vermerk auf Brief; Wortlaut in Protokoll; — Gericht kann Brief einfordern 127 Abs. 1 und 3, 126; — s. auch X A I 5 und C 4.

IX Anm. 35. s. oben IX Anm. 1.

X. Nach Ausführung des Teilungsplans und Rechtskraft des Zuschlags.

§§ 130—133.

A. Ersuchen um Berichtigung des Grundbuchs

durch Vollstreckungsgericht — auch in Bayern BAG. Art. 25, in Württemberg, Baden Elsaß-Lothringen durch Kommissär oder Notar s. IX Anm. 1 — von Amts wegen — auch noch nach Löschung des Versteigerungsvermerks legitimiert CBlFG. 2 S. 723; — Anträge des Erstehers oder Berechtigten direkt an Grundbuchamt unzulässig BlfRA. 69 S. 229; —

an **Grundbuchamt** durch nachfolgende (I 1—5) Eintragungen 130;

ohne Aktenvorlage, doch genaue Angabe GBO. 39, WB. 4; soll für sämtliche Eintragungen einheitlich gestellt werden, kann aber auch einzeln oder durch nachträglich berichtigtes Ersuchen erfolgen OLG. 6 S. 439, CBlFG. 1904 S. 349; — 130 bestimmt nur materiellen Inhalt der Eintragungen, Form nach GBO. OLG. 6 S. 437;

empfehlenswert vorherige Mitteilung an Beteiligte durch begründeten Beschluß, welche Rechte zur Löschung kommen, mit Aufforderung im Widerspruchsfall Beschwerde nach CPO. 793 einzulegen SeuffA. 56 Nr. 237;

in Sachsen vorheriges Herbeiziehen der Grundakten SächsVO. v. 19. Juni 1900 § 13;

Form des Ersuchens s. PreußAGzGBO. Art. 9.

I. **Grundbuchamt** hat nicht Inhalt des Ersuchens zu prüfen OLG. 3 S. 340; CBlFG. 2 S. 590; BlfRA. 69 S. 229; — sondern nur Zuständigkeit des ersuchenden Gerichts sowie ob nicht wohlerworbene Rechte Dritter beeinträchtigt, dann keine Eintragung, sondern Widerspruch gegen Richtigkeit der Grundbuchseinträge OLG. 6 S. 100; — anders, wenn Ersuchen auf Eintragung neuer Nebenbestimmungen usf. EntschFG. 2 S. 184; — Form der Eintragung: GBO. 1 Abs. 2, Landesjustizverwaltung;

bei Irrtum des Vollstreckungsgerichts Ersuchen um Berichtigung GBO. 39, EntschFG. 3 S. 218, OLG. 6 S. 99, BlfRA. 69 S. 230;

Vollstreckungsgericht hat Beschwerderecht gegen Entscheid des Grundbuchrichters OLG. 6 S. 437;

bei irrtümlichen Einträgen: Klage nach BGB. 894 ff., daneben Beschwerde gegen Verfügung des Vollstreckungsgerichts, und auf Ersuchen des Vollstreckungsgerichts: Abänderung, s. bei 3.

1. Eintragung des **Erstehers** als **Eigentümer** 90, 130; — s. VII 23 d Anm. 9; (Erwerbsgrund: Zuschlagsbeschluß vom ...., Erwerbspreis); — auch dann, wenn bereits als solcher eingetragen; — wenn mehrere nach Bruchteilen oder das für Gemeinschaft maßgebende Rechtsverhältnis GBO. 48; sonst abweisen OLG. 4 S. 190, Recht 1902 S. 181;

   hat Ersteher vorher Eintragungen im Grundbuch bewilligt, so Eintragungen erst, nachdem er als Eigentümer eingetragen 130 Abs. 3; OLG. 8 S. 10 s. VII 23 d Anm. 9; — BayOLG. in OLG. 9 S. 382;

   Zwangsvollstreckung gegen ihn auch vor Eintragung 133, s. X B b;

   Eintragung lediglich zur Berichtigung des Grundbuchs, Erwerbsgrund war Zuschlag BayBek. v. 27. Februar 1905 § 355 Nr. 8 (JMBl. 1905 S. 255).

2. **Löschung** des **Versteigerungsvermerks** 19, 130; auch nachher noch Recht des Vollstreckungsgerichts zur Antragstellung nach 130 CBlFG. 2 S. 723.

3. **Löschung** der durch Zuschlag **erloschenen Rechte** — 130 Abs. 1, s. VII 7 b δ; — am versteigerten Grundstück; Entscheid hierüber: Vollstreckungsgericht OLG. 3 S. 340; — falls besonderer Beschluß sofortige Beschwerde zulässig SeuffA. 56 Nr. 237; — die zu löschenden Rechte einzeln aufführen Recht 1901 S. 495; ElsLothNotZ. 21 S. 342;

Vorlegung von Urkunden bei Grundbuchamt — außer im Fall von 130 Abs. 2 s. 5 — insbesondere des Hypothekenbriefs usf. nicht erforderlich 131; —

Eintragung in zweite Abteilung des Grundbuchs BayBek. v. 27. Februar 1905 § 365 Nr. 22 (JMBl. 1905 S. 262);

keine Löschung einer gedeckten Gesamthypothek auf Blättern der mithaftenden Grundstücke OLG. 4 S. 376; BGB. 1181; CBlFG. 2 S. 797;

bei Löschung aus Versehen: Wiedereintragung OLG. 2 S. 339, 6 S. 99; EntschFG. 3 S. 218;

Unbrauchbarmachung des Briefes 127, s. IX Anm. 34; — Kraftloserklärung auch nach Löschung des Rechts 136, s. IX 24 f γ.

4. Eintragung der **Sicherungshypotheken** für die Forderung gegen den Ersteher 130; in dritte Abteilung des Grundbuchs BayBek. v. 27. Februar 1905 § 415 Nr. 5 (JMBl. 1905 S. 292): — im Fall des 61 gegen zahlungspflichtig erklärten Dritten 134, — s. IX Anm. 29—32; — Hypothek entsteht mit Eintragung 128 Abs. 3 Satz 1;

mit Beifügen **„auf Grund Zwangsversteigerungsverfahrens"** 130 Abs. 1 Satz 2; — kein Hypothekenbrief BGB. 1185; — genaue Angabe des Betrags; — Rang des Anspruchs BayNotZ. 5 S. 220; — Bestimmtheit der Person des Gläubigers Recht 1904 S. 42; — Eintragung unter einer Nummer, wie im Ersuchschreiben

a) **Beispiel** zu IX Anm. 22:

Ersuchschreiben des Vollstreckungsgerichts an Grundbuchamt:

„auf Grund Zwangsversteigerung des im Grundbuch für ....

Band ...... Blatt-Nr. .... eingetragenen Grundstücks Plan-Nr. .... daselbst für die Forderung gegen den Ersteher .... von 808 Mark nebst 4% Zinsen seit 15. Oktober — Verteilungstermin —, welche in Höhe von

288 Mk. dem Fiskus

168.75 Mk. der .... Bank

237.49 Mk. dem N. B.

113.76 Mk. dem N. A. übertragen wurden

für den Fiskus mit Vorrang vor der .... Bank und N. B., für die .... Bank vor N. B. Sicherungshypothek einzutragen; ferner in gleicher Weise unter der Bedingung, daß die Kautionshypothek des N. C. zu 10000 Mk. nur in Höhe von 5000 Mk. begründet ist, für die Forderung gegen den Ersteher .... in Höhe von 5000 Mk., welche mit 889.57 Mk. dem Gläubiger N. A., mit 500 Mk. dem N. D., mit 100 Mk. dem N. B. übertragen wurden, mit 3510.43 Mk. dem Schulder X verblieb, und zwar in der angegebenen Rangfolge Sicherungshypothek einzutragen."

b) Eintragung der Sicherungshypothek auch wenn Forderung gegen Ersteher noch nicht fällig

mit **Rang,** den Anspruch nach bisherigen Eintragungen und 10 ff., 110 hatte; — 128; BayNotZ. 5 S. 220; — bei Forderung für Ersatzanspruch CBlFG. 1902 S. 148;

zur Eintragung des Vorrangs Vorlegung des Briefs nicht erforderlich 131; — jedoch

α) wenn sich Hypothek mit Eigentum in einer Person vereint, so nicht zum Nachteil eines bestehen gebliebenen Rechts oder sonstigen Sicherungshypothek geltend machen 128 Abs. 3 Satz 2;

β) bei Sicherungshypothek für Zwangsverwaltungsausgaben, Liedlohn, öffentliche Lasten — 10 Nr. 1—3 —, wiederkehrende Leistungen aus eingetragenen

Rechten — 10 Nr. 4, — Kosten der Kündigung oder Beitreibung 10 Abs. 2 — muß Gläubiger Zv. nach 132, 133, s. B, — betreiben, sonst gilt sie den bestehen gebliebenen Rechten oder sonstigen Sicherungshypotheken nachstehend; ebenso bei Zurücknahme des Antrags auf Zv. oder Aufhebung nach 31 Abs. 2; 129;

c) ist der vom Ersteher nach 50 zu zahlende Betrag keinem Interessenten zuzuteilen, weil bereits alle befriedigt sind, so soll Sicherungshypothek für Eigentümer des Grundstücks zur Zeit des Zuschlags — nicht also z. B. des Termins — eingetragen werden 128 Abs. 2, Recht 7 S. 317;

d) war Recht, aus dem Anspruch herrührt, nach Inhalt des Grundbuchs, mit Recht eines Dritten belastet, so wird dieses Recht — ohne Antrag — als Recht an der Forderung miteingetragen 128 Abs. 1 Satz 2;

e) Sicherungshypothek auf **Bruchteil** des Grundstücks, wenn **ein** Verfahren anhängig, unzulässig, Antrag des Vollstreckungsgerichts zurückweisen Recht 1902 S. 347; — Eintrag auf ganzem Grundstück BGB. 1114, CPO. 864 Abs. 2, OLG. 6 S. 440; EntschFG. 3 S. 92, S. 255;

f) wird Grundstück **von neuem versteigert,** — s. VII 7 b γ, 23 d Anm. 9 a, 16 b; IX 31 am Schluß —, so ist der zur Deckung der Sicherungshypothek, wenn diese im geringsten Gebot, erforderliche Betrag bar zu berichtigen 128 Abs. 4; — fällt Gläubiger, dem Forderung übertragen, mit Sicherungshypothek teilweise aus, so Klage gegen früheren Ersteher nicht wegen Schadensersatzes, sondern auf Grund Uebertragung Recht 1901 S. 317;

g) Vollstreckung aus Sicherungshypothek s. B;
Umwandlung in gewöhnliche Hypothek BGB. 1186;

h) bei Vereinbarung über Stehenbleiben von Rechten s. VII 7 b δ;

5. **Löschung** eines bei Feststellung des geringsten Gebots berücksichtigten, jedoch nicht entstandenen oder erloschenen Rechts 50, 51, 125, s. VII 7 b γ, δ, 23 Anm. 9 h, IX 24 e, 130 Abs. 2;
hier auch Antrag des Berechtigten bei Grundbuchamt zulässig;
Vorlage der Urkunden, insbesondere des Hypothekenbriefs erforderlich 131, GBO. 42 Abs. 1, 43, CBlFG. 1903 S. 464; — Unbrauchbarmachung des Briefs 127, s. IX 34; — Klage des Eventualberechtigten gegen Ersteher erst nach Berichtigung des Grundbuchs durch Löschung des Erstrechts CBlFG. 1903 S. 446;

II. **Mitteilung** des Grundbuchamts an Vollstreckungsgericht:

Gesch.Nr.

Auf dem Grundbuchblatt des bisher auf den Namen des .... im Grundbuch des Amtsgerichts für .... Band .... Blatt=Nr. .... eingetragenen, in ...., Gemeinde ...., ... amts (Kreis) .... gelegenen Grundstücks Plan=Nr. .... ist folgendes eingetragen worden:

Abt. I Spalte 1 und 2:
.... (Name des Erstehers). Auf Grund Zuschlagsbeschlusses vom .... und Ersuchens des Zwangsversteigerungsgerichts vom ...., eingetragen am ....

Abt. II.
Nr. 2 (Zwangsversteigerungsvermerk) gelöscht am ....

Abt. III.
Nr. .... Mark, gelöscht am ....
Nr. .... Mark, gelöscht am ....

.... den ....

Amtsgericht ....

B. Zwangsvollstreckung.

a) — auch wenn Zuschlag noch nicht rechtskräftig; wird dieser aufgehoben, so Aufhebung der Zwangsvollstreckung nach CPO. 775 Nr. 1, 776;

auf Grund vollstreckbarer Ausfertigung des Zuschlagsbeschlusses — s. oben VII 23 d Anm. 16 a;

aus Forderung gegen Ersteher und im Fall 81 Abs. 2 gegen Meistbietenden, aus Sicherungshypothek gegen Ersteher und jeden späteren Eigentümer; gegen zahlungspflichtigen Dritten nach 61, 134;

in **ganzes Vermögen** 132;

nicht gegen Ersteher, soweit dieser Betrag nach 50, 51 zu zahlen hat; hier Vollstreckungstitel im Prozeßweg beschaffen;

daneben auch neue Klage zulässig RG. 46 S. 304, OLG. 2 S. 332, Recht 1901 S. 317, 438;

b) in das **Grundstück**: Zv. und Zwangsverwaltung, sog. Wiederversteigerung s. oben VII 23 d Anm. 9 a und 16 b; IX 31 am Schluß, X 4 f; II Anm. 6;

erst nach Rechtskraft des Zuschlagsbeschlusses;

neues Verfahren! 133, s. auch 118 Abs. 2, 128 Abs. 4, 129.

XI. Außergerichtliches Verteilungsverfahren.

§§ 143—145.

A. bei **Einigung** sämtlicher Beteiligten:

An das Amtsgericht[1] ....
Nachweis und Ersuchen des ....
zur Sache gegen .... in ....
wegen Zwangsversteigerung
hier außergerichtliche Verteilung betr.

Bei Zwangsversteigerung des auf den Namen des .... im Grundbuch des Amtsgerichts für .... Band ..... Blatt=Nr. .... eingetragenen, in ...., Gemeinde ...., ... amts (Kreis) .... gelegenen Grundstücks Plan=Nr. .... wurde mit Beschluß vom .... dieses Anwesen dem .... um das Meistgebot von ....[3] zugeschlagen.

Sämtliche Beteiligte[4] haben sich laut anliegenden öffentlichen — oder öffentlich beglaubigten — Urkunden[5] vom .... über die Verteilung des aufgeführten Versteigerungserlöses nebst 4 % Zinsen seit dem Zuschlag dahin geeinigt,[6] daß derselbe in folgender Weise unter die Beteiligten verteilt wird: ....

....

Unter Vorlage dieser Urkunden stellt Unterfertigter[2] das

Ersuchen:

von einem gerichtlichen Verteilungsverfahren Umgang zu nehmen.[7]

....

Anmerkungen zu XI A.

XI A Anm. 1. zum Vollstreckungsgericht, auch in Bayern BAG. Art. 25; in Württemberg Baden, Elsaß-Lothringen an Kommissär oder Notar s. VIII Anm. 7.

XI A Anm. 2. Nachweis durch Ersteher, Schuldner oder sonstigen Beteiligten 145.

XI A Anm. 3. die Einigung muß sich auf gesamten Versteigerungserlös — nebst 4 % Zinsen seit Zuschlag 43 Abs. 2 — erstrecken; auch auf die für Gebot geleistete Sicherheit — s. VII 12 —; Pfandrecht hieran mit Verteilung der Forderung auf die übergegangen, denen Forderung durch Einigung überwiesen BGB. 401.

XI A Anm. 4. Einigung muß erfolgt sein unter **sämtlichen** Beteiligten, auch wenn sie durch Gebot nicht gedeckt sind, auch Schuldner 9, neuen Eigentümer 26, denjenigen, die Rechte noch glaubhaft zu machen haben 145, 105 Abs. 2 Satz 2; Gerichtskasse (bestritten!); — wird daher selten sein ZfR. 4 S. 88; — **nicht** aber Ersteher, dritten Zahlungspflichtigen nach 61, 81, Mieter, Pächter, Bürgen usf. des Gläubigers.

XI A Anm. 5. Erklärung in einer oder mehreren öffentlichen — CPO. 415 — oder öffentlich beglaubigten Urkunden — BGB. 129, FGG. 183;

Hypotheken- und Grund-, Rentenschuldgläubiger müssen Briefe, wenn Kapitalansprüche nicht bestehen bleiben, vorlegen; — Prüfung der Legitimation der Vertreter!

XI A Anm. 6. es genügt nicht Erklärung, daß die Beteiligten sich geeinigt haben; sondern Nachweis auch darüber, in welcher Weise: schon erforderlich mit Rücksicht auf 132, 133, 145.

XI A Anm. 7. Gericht hat zu prüfen, ob sämtliche Erfordernisse (Anm. 3—6) gegeben 143; ist dies der Fall, so Beschluß:

das Verteilungsverfahren wird eingestellt, der Termin vom ....,
— falls solcher bereits anberaumt, — wird aufgehoben;

zustellen an Beteiligte, Ersteher, dem zahlungspflichtigen Dritten nach 61, 81—105 Abs. 2, — sofortige Beschwerde; — weiteres Verfahren s. XI c;

hält Gericht Nachweis nicht für erbracht, so Fortsetzung des Verfahrens — Erinnerungen hiegegen nach CPO. 766 — sofortige Beschwerde nach CPO. 793.

B. bei **Befriedigung** der Berechtigten:

An das Amtsgericht[1] ....

Antrag

des ....[2]

zur Sache gegen .... in ....

wegen Zwangsversteigerung

hier außergerichtliche Verteilung betr.

Bei Zwangsversteigerung des auf den Namen des ...., im Grundbuch des Amtsgerichts .... für .... Band .... Blatt-Nr. .... eingetragenen, in ...., Gemeinde ...., ... amts (Kreis) .... gelegenen Grundstücks Plan-Nr. .... wurde mit Beschluß vom .... dieses Anwesen dem Unterfertigten um das Meistgebot von .... zugeschlagen.

**Unter Vorlage nachstehend aufgeführter öffentlicher — oder öffentlich beglaubigter — Urkunden[3], nämlich ...., ..., **

aus denen sich ergibt, daß die daselbst aufgeführten Gläubiger[4], deren Ansprüche durch das Gebot gedeckt wurden, befriedigt[5] sind oder (sowie) Unterfertigten als alleinigen Schuldner[6] angenommen haben, stelle ich gemäß Zv.gesetz § 144 den

Antrag:

von einem gerichtlichen Verteilungsverfahren Umgang zu nehmen[7].

Anmerkungen zu XI B.

XI B Anm. 1. s. oben XI A Anm. 1.

XI B Anm. 2. Antrag des Erstehers oder dritten Zahlungspflichtigen nach 61—144.

XI B Anm. 3. s. oben XI A Anm. 5.

XI B Anm. 4. es müssen diejenigen, deren Ansprüche durch das Gebot gedeckt sind, befriedigt sein, auch wenn Rechte noch glaubhaft zu machen sind 105 Abs. 2, 145, — nicht in Betracht kommen Gläubiger, deren Rechte bestehen bleiben oder ausfallen, Mieter, Pächter 145; — Gerichtskasse zu den Berechtigten (bestritten!).

XI B Anm. 5. es genügt Erklärung, daß Berechtigter anerkennt, „befriedigt" zu sein; — Art der Befriedigung nicht von Vollstreckungsrichter prüfen; — durch Zahlung, Hinterlegung unter Verzicht auf Rücknahme BGB. 378, durch Aufrechnung mit Zustimmung des Berechtigten, sonst s. BGB. 387.

XI B Anm. 6. Annahme als alleinigen Schuldner, Freiwerden des persönlichen Schuldners, eines Bürgen, anderer Grundstücke usf.;

hiebei Vereinbarung zulässig, daß Hypothek bestehen bleiben soll 91 Abs. 2, 3.

XI B Anm. 7. Gericht hat zu prüfen, ob Erfordernissen unter Anm. 2—6 genügt ist 144; — sonst Fortgang des Verteilungsverfahrens;

ist den Erfordernissen genügt, so:

1. Anordnung des Gerichts, die vorgelegten Urkunden mit der Erklärung des Erstehers auf der Gerichtsschreiberei zur Einsicht der Beteiligten niederzulegen 144 Abs. 1.

2. **Beschluß**[a]:

Im Verfahren wegen Zwangsversteigerung des auf den Namen des .... im Grundbuch des Amtsgerichts .... für .... Band .... Blatt-Nr. eingetragenen, in ...., Gemeinde ...., ...amts (Kreis) .... gelegenen Grundstücks Plan-Nr. ...., hier außergerichtliche Verteilung betreffend, hat der Ersteher .... durch die mit seinem Antrag vom .... vorgelegten öffentlichen oder öffentlich beglaubigten Urkunden nachgewiesen, daß er sämtliche Berechtigte, deren Ansprüche durch das Gebot gedeckt sind, befriedigt hat, bzw. von ihnen als alleiniger Schuldner angenommen worden ist. Es wird dies den Beteiligten mit dem Beifügen mitgeteilt, daß die Urkunden mit der Erklärung des Erstehers vom .... auf der Gerichtsschreiberei des unterfertigten Gerichts Zimmer-Nr. .... zur Einsicht der Beteiligten niedergelegt sind.

Zugleich ergeht an die Beteiligten die Aufforderung, etwaige Erinnerungen[c] binnen 2 Wochen[b] von Zustellung dieses Beschlusses an bei unterfertigtem Gericht geltend zu machen, widrigenfalls die gerichtliche Verteilung des Versteigerungserlöses unterbleibt[d].

.... den ....

Amtsgericht ....

XI B Anm. 7 a. zustellen — 3—7 — **allen** Beteiligten; also auch den ausfallenden Gläubigern, dem Schuldner, der Gerichtskasse, denjenigen, die Anspruch noch nicht glaubhaft gemacht haben 105 Abs. 2, 145.

XI B Anm. 7 b. Frist von 2 Wochen gesetzliche, nicht verlängerbar, nicht abkürzbar CPO. 222, 223, 224, BGB. 187 ff.

XI B Anm. 7 c. werden innerhalb der Frist Erinnerungen von einem Beteiligten — auch Widerspruch eines ausfallenden Gläubigers — erhoben, so gerichtliches Verteilungsverfahren, s. oben VIII—X.

XI B Anm. 7 d. werden innerhalb der Frist keine Erinnerungen erhoben, so Verfahren durch Gerichtsbeschluß einstellen, bereits anberaumten Verteilungstermin aufheben; — zustellen nach 105 Abs. 2 — weiteres Verfahren s. C; — daneben gerichtliche Verteilung eines etwa nach 65 besonders versteigerten oder verwerteten Gegenstandes 144 Abs. 2.

C. Funktionen des Vollstreckungsgerichts.

in den Fällen A Anm. 7 und B Anm. 7 d.

1. kein Verteilungstermin — nicht unbestritten — außer für nach 65 gesondert verwertete Gegenstände 144 Abs. 2;

2. keine Uebertragung der Forderung gegen den Ersteher durch das Gericht;

   wohl aber Erteilung vollstreckbarer Ausfertigung des Zuschlagsbeschlusses in Höhe des zugewiesenen Betrags 145, 132 Abs. 2;

   auf Grund derselben kann Berechtigter direkt beim Grundbuchamt Eintragung einer Sicherungshypothek verlangen CPO. 866, 867;

   ferner Zwangsvollstreckung in das Grundstück ohne Zustellung des Vollstreckungstitels betreiben, s. oben X B b, 145, 133;

3. nach Rechtskraft des Zuschlags:

   Ersuchen an Grundbuchamt um Eintragung des Erstehers als Eigentümer, der Löschung des Versteigerungsvermerks und der durch Zuschlag erloschenen Rechte, s. oben X A, 145, 130, 131; — nicht dagegen um Eintragung einer Sicherungshypothek auf Grund der außergerichtlichen Einigung der Beteiligten, Recht 1902 S. 527;

   Zurückgabe der vom Grundbuchamt übersandten Urkunden 19 Abs. 2, BayBek. v. 31. März 1905 § 9 (JMBl. 1905 S. 591);

4. Unbrauchbarmachung des Briefs über Hypothek usf., Vermerk auf Brief und vollstreckbarer Urkunde, s. oben IX 33, 34; 145, 127.

XII. Zwangsversteigerung mehrerer selbständiger Grundstücke in demselben Verfahren.

XII A. Zulässigkeit: Zv. mehrerer selbständiger Grundstücke — GBO. 3 und 4, 86, 87 OLG. 3 S. 45 — auch mehrerer Anteile;

in demselben Verfahren:

nach Ermessen des Vollstreckungsgerichts: — Bestimmung, wenn Grundstücke in Bezirken verschiedener Amtsgerichte, durch zunächst höheres Gericht 2 Abs. 2: — Antrag nicht erforderlich; — **nur** in folgenden Fällen: — auch noch während Verfahrens bis zum Versteigerungstermin — zulässig; — CPO. 803 Abs. 1 Satz 2 gilt nicht, s. aber VI 7 d;

1. wegen Forderungen eines oder mehrerer Gläubiger gegen **denselben** Schuldner;

   auch bei Antrag des Konkursverwalters auf Zv. mehrerer Grundstücke des Gemeinschuldners RG. in JW. 1902 Nr. 46:

2. oder wegen **eines** Rechts — Hypothek, Reallast, Grund-, Rentenschuld, — an mehreren, verschiedenen Gläubigern gehörigen Grundstücken, besonders auf Grund einer Gesamthypothek;

   dagegen **nicht** zulässig, wenn die Grundstücke verschiedenen Personen gehören, die dem Gläubiger als persönliche Gesamtschuldner — BGB. 421 — haften und wenn die dingliche Gesamthaftung mehrerer Grundstücke verschiedener Schuldner nicht für den Anspruch des betreibenden, sondern eines anderen Gläubigers besteht 18, WB. 9;

   gegen Beschluß der Anordnung oder Ablehnung: sofortige Beschwerde nach 95 und CPO. 793.

XII B. Versteigerungstermin — wie oben VII mit folgenden Abweichungen:

a) **Ausgebot** der Grundstücke (zu VII 10):

   1. in der Regel einzeln 63 Abs. 1;

   2. auf Verlangen eines Beteiligten — der Interesse an Steigerung, also nicht im geringsten Gebot berücksichtigt ist (bestritten!) — **neben** Einzelausgebot — vorher oder gleichzeitig oder nachher, s. aber 63 Abs. 4 Satz 1 — Gesamtausgebot aller Grundstücke oder eine Anzahl mit demselben Recht belasteten Grundstücke zusammen oder auf Antrag auch in anderen Fällen Gesamtausgebot einiger Grundstücke nach Ermessen des Gerichts 63 Abs. 2, 3 (z. B. wegen wirtschaftlichen Zusammenhangs); — s. auch Recht 1902 S. 498; — geringstes Gebot, Zuschlag s. C;

   3. **nur** Gesamtausgebot, wenn anwesende Beteiligte, deren Rechte bei Feststellung des geringsten Gebots nicht zu berücksichtigen, — also auch Schuldner, nicht Mieter, Pächter (bestritten!) — zustimmen 63 Abs. 5; Recht 1902 S. 499;

   zu 1—3 bei Zuwiderhandlungen: Versagung des Zuschlags, außer wenn Recht des Beteiligten durch Zuschlag nicht beeinträchtigt oder bei Genehmigung 83 Nr. 2, 84, 100; s. VII 24 Anm. 3 d;

b) zu VII 17: **Frist** zwischen Aufforderung zur Abgabe von Geboten und Schluß der Zv. bezüglich sämtlicher Grundstücke mindestens eine Stunde, diese aber auch genügend; — Einzelausgebote und Gesamtausgebot gesondert durchführen, — Schluß: eine Stunde nach erster Aufforderung, auch wenn diese sich nicht auf alle Grundstücke bezog; — nach Ablauf einer Stunde kann Zv. eines Grundstücks geschlossen, eines anderen fortgesetzt werden 73; — wird aber im Laufe der Gesamtversteigerung noch Gebot auf einzelnes Grundstück abgegeben, so trotz Schluß der Einzelversteigerung nicht zurückweisen Recht 1902 S. 499;

c) zu VII 6 und 23: **geringstes Gebot** und **Zuschlag** (einstweilige Einstellung s. VI 7 d):

α) wird bei Einzelausgebot auf ein Grundstück Meistgebot gelegt, das höher als geringstes Gebot für dieses Grundstück, so bei Gesamtausgebot Erhöhung des geringsten Gebots um Mehrbetrag!

Zuschlag auf Grund Gesamtausgebots nur, wenn Meistgebot höher als Gesamtergebnis der Einzelausgebote 63 Abs. 4.

Beispiel zu XII B c α:

Zv. der 2 Grundstücke des X auf Betreiben des Kurrentgläubigers G in einem Verfahren:

Grundstück I des X:		Grundstück II des X:	
Belastung: Hypothek A =	10 000 Mk.	Hypothek C =	1000 Mk.
„ B =	5 000 „		
geringstes Gebot I		II	
Anteil an Kosten	100 Mk.	Anteil an Kosten	10 Mk.
Zinsen A	200 „	Zinsen C	10 „
„ B	50 „		
	350 Mk.		20 Mk.

daneben Bestehenbleiben der Hypotheken A, B, C.

Einzelausgebot: Meistgebot I = 1000 Mk. II 20 Mk.

auf Antrag Gesamtausgebot von I und II:

geringstes Gebot für Gesamtausgebot	350 Mk.
	20 „
hiezu Erhöhung nach 63 Abs. 4: 1000—350 =	650 „
	1020 Mk.

Meistgebot im Gesamtausgebot 2000 Mk., hierauf nach 63 Abs. 4 Satz 2 Zuschlag!

Hieraus bar zu zahlen:	Kosten	110 Mk.
	Zinsen	260 „
den das geringste Gebot übersteigenden Betrag des Meistgebots 2000—1020 =		980 „
die Erhöhung nach 63 Abs. 4 =		650 „
		2000 Mk.

ferner zu übernehmen Hypothek A mit 10 000 Mk., B mit 5000 Mk., C mit 1000 Mk.;

Verteilung im Fall von 112 s. XII C;

β) bei Belastung der Grundstücke mit dem gläubigerischen Anspruch vorgehender **Gesamthypothek** oder — Grundschuld, Rentenschuld, nicht Reallast 64 Abs. 3, WürttZ. 45 S. 228;

αα) bei Feststellung des geringsten Gebots für **Gesamt**ausgebot: Gesamthypothek **nur einmal** ansetzen 63 Abs. 2, 5;

ββ) für Einzelausgebote auf **Antrag** des Gläubigers (auch wenn nicht alle mit Gesamthypothek belasteten Grundstücke versteigert werden s. Hartmann, Die Grundstücksgesamthypothek S. 16); — Eigentümers oder dem Hypothekgläubiger gleich- oder nachstehenden Beteiligten, — nicht des Gesamthypothekgläubigers —: **Verteilung** der Gesamthypothek auf die Einzelgrundstücke nach Verhältnis des Werts desselben zu dem sämtlicher Grundstücke 64 Abs. 1; — Berechnung des Werts unter Abzug der Belastung, die Gesamthypothek im Rang vorgehen und bestehen bleiben E. 11, PAG. Art. 8, BAG. Art. 29;

wenn nicht Gläubiger vorher bereits die Gesamthypothek auf die einzelnen Grundstücke verteilt hat BGB. 1132 Abs. 2, s. auch Art. 5 des BayGes. v. 18. Juni 1898, Vorbereitung der Anlegung des Grundbuchs betr.; S. 4 S. 506; oder auf Hypotheken an den Grundstücken, bis auf eines, verzichtet hat BGB. 1175; — Verteilung nicht möglich, wenn nur bei einem Grundstück Wert ermittelt, der Wert der übrigen durch die der Gesamthypothek vorgehenden Belastungen voll aufgewogen wird, dann auch nicht Antragsrecht nach 64 Abs. 2, Recht 1903 S. 581;

γγ) im Fall dieser Antrag gestellt, so Recht des Hypothekengläubigers, bis Schluß der Verhandlung im Versteigerungstermin — VII 17 — zu verlangen, daß bei Feststellung geringsten Gebots nur die seinem Anspruch vorgehenden Rechte berücksichtigt werden; — Doppelausgebot; — Entscheid des Hypothekengläubigers über Zuschlag, doch muß Hypothek und Rechte der gleich- oder nachstehenden, dem Betreibenden vorgehenden Beteiligten durch Gesamtergebnis der Einzelausgebote gedeckt werden 83 Nr. 3, 84; Recht 1903 S. 581;

trifft Hypothekengläubiger trotz Aufforderung keinen Entscheid, so nach 64 Abs. 1 — s. ββ — Gesamthypothek als Einzelhypothek auf die einzelnen Grundstücke 64 Abs. 2.

Beispiel zu XII B c β:

Zv. der zwei Grundstücke des X auf Betreiben des Kurrentgläubigers G in einem Verfahren:

α) Grundstück I des X: | Grundstück II des X:

Belastung: 1. Gesamthypothek A = 10 000 Mk. | 1. Hypothek C = 500 Mk.
2. Hypothek B = 1 000 „ | 2. Gesamthypothek A = 10 000 „

Geringstes Gebot I: | II:

Anteil an Kosten = 100 Mk. | Anteil an Kosten 100 Mk.
daneben Hypotheken A und B = 11 000 „ | Hypotheken C und A = 10 500 „
Einzelausgebot: Meistgebot I 1 000 Mk. | II 20 Mk., also ungültig;
daneben Hypothekenübernahme zu 11 000 „

geringstes Gebot für Gesamtausgebot 63: Kosten 200 Mk.
Erhöhung nach 63 Abs. 4 900 „
1 100 Mk.
daneben Hypotheken A, B, C zu übernehmen mit 11 500 „
Meistgebot im Gesamtausgebot: 1 500 Mk.
hievon bar zu zahlen: Kosten: 200 Mk.
Erhöhung nach 63 Abs. 4 900 „
der das geringste Gebot übersteigende Betrag
des Meistgebots 1 500—1 100 = 400 „
1 500 Mk.

Siehe im übrigen XII C Verteilung des Erlöses.

β) es stellt nun nach 64 Abs. 1 z. B. Gläubiger G den Antrag, die Gesamthypothek A bei Feststellung des geringsten Gebots für die einzelnen Grundstücke nur zu Teilbeträgen, die dem Verhältnis des Werts des Grundstücks zum Wert sämtlicher Grundstücke entspricht, zu berücksichtigen:

Zunächst Wert der Grundstücke feststellen E. 11, PAG. Art. 8, BAG. Art. 29:

Wert des Grundstücks I = 12 000 Mk. II = 1000 Mk.
Gesamtwert = 13 000 Mk.
hievon ab die der Gesamthypothek A auf
Grundstück II vorgehende Hypothek C = 500 „
12 500 Mk.

Verteilung der Gesamthypothek A zu 10 000 Mk. auf Grundstück I:

$$\frac{x}{10\,000} = \frac{12\,000}{12\,500};\ x = \frac{120 \cdot 10\,000}{125} = 9\,600 \text{ Mk.};$$

II:

$$\frac{x}{10\,000} = \frac{500}{12\,500};\ x = \frac{5 \cdot 10\,000}{125} = 400 \text{ Mk.}$$

Geringstes Gebot I:		II:	
Kostenanteil	100 Mk.	Kostenanteil	100 Mk.
daneben:		daneben:	
Hypothekenanteil A	9 600 Mk.	Hypothek C	500 Mk.
Hypothek B	1 000 „	Hypothekenanteil A	400 „
	10 600 Mk.		900 Mk.
Einzelausgebot: Meistgebot I	1 400 Mk.	II	300 Mk.
daneben Hypothekenanteil A und Hypothek B	10 600 Mk.	daneben Hypothek C und Hypothekenanteil A	900 Mk.

Geringstes Gebot für Gesamtausgebot:

Kosten:	200 Mk.
Erhöhung nach 63 Abs. 4: 1 400—100 =	1 300 „
300—100 =	200 „
	1 700 Mk.

Daneben zu übernehmen:

Gesamthypothek A =	10 000 Mk.
Hypothek B =	1 000 „
Hypothek C =	500 „
	11 500 Mk.

Meistgebot im Gesamtausgebot: 1500 Mk., so Zuschlag den obigen Meistgeboten im Einzelausgebot zu zusammen 1700 Mk; diese werden berichtigt:

Barzahlung des Erstehers von I:		II:	
Kosten	100 Mk.	Kosten	100 Mk.
nach 63 Abs. 4	1 300 „	nach 63 Abs. 4	200 „
	1 400 Mk.		300 Mk.

und hat zu übernehmen an Hypotheken:

von der Gesamthypothek A	9 600 Mk.	A	400 Mk.
Hypothek B	1 000 „	C	500 „
	10 600 „		900 Mk.

Von der Gesamthypothek A erlischt auf Grundstück I Betrag von 400 Mk. auf II von 9 600 Mk.; — s. im übrigen C Verteilung des Erlöses.

γ) nach 64 Abs. 2 kann Hypothekengläubiger verlangen, daß bei Feststellung des geringsten Gebots nur die seinem Anspruch vorgehenden Rechte berücksichtigt werden;

stellt Gesamthypothekengläubiger A diesen Antrag, so

geringstes Gebot I = 100 Mk. ohne Uebernahme von Hypothek; II Kosten 100 Mk. und Uebernahme von Hypothek C zu 500 Mk.

Die Grundstücke sind nun mit dieser Abweichung auszubieten; — die Meistbietenden des vorhergehenden Ausgebots (β) bleiben an ihre Gebote gebunden;

Meistgebot für I: 10 000 Mk. für II = 1000 Mk.

Auf Aufforderung des Gerichts hat Gläubiger A zu erklären, welches Ausgebot für Erteilung des Zuschlags maßgebend sein soll;

erklärt er sich nicht, so bleibt es bei der oben β nach 64 Abs. 1 erfolgten Feststellung des geringsten Gebots;

erklärt er sich für dieses γ nach 64 Abs. 2 erfolgte Ausgebot, so zunächst Gesamtausgebot;

ist dieses geringer als 11 000 Mk., so ist zu prüfen, ob Gesamtergebnis der Einzelausgebote zu 11 000 Mk. die Kosten zu 200 Mk., die Gesamthypothek zu 10 000 Mk. und Hypothek B zu 1000 Mk. deckt; da diese zusammen 11 200 Mk., so ist Zuschlag zu versagen 83 Nr. 3.

XII C. Verteilung des Erlöses zu IX.

I. wenn Zuschlag auf Grund Gesamtausgebots erfolgt und Verteilung des Erlöses auf die einzelnen Grundstücke notwendig 112;

— letzteres ist der Fall, wenn Grundstücke verschiedenen Eigentümern; wenn Dritter Eigentum an einem Grundstück behauptet und bei Versäumung der Anmeldung nach 37 Nr. 5 Erlös beansprucht; wenn Gesamterlös zur Befriedigung aller Ansprüche nicht ausreicht und Grundstücke verschieden oder gesamtbelastet sind 112, 122; — ebenso bei Zv. von Bruchteilen eines Grundstücks:

1. Vorwegnahme aus Erlös:

   a) Kosten des Verfahrens 109, s. oben VII 6 b α;

   b) die bei Feststellung des geringsten Gebots berücksichtigten und durch Zahlung zu deckenden Rechte, für welche Grundstücke ungeteilt haften 112 Abs. 1; besonders Zinsen von bestehen bleibenden Gesamthypotheken;

   hiedurch kein Vorzugsrecht!

2. Verteilung des Ueberschusses 112 Abs. 2:

   nach Wertverhältnis der einzelnen Grundstücke 64, E. 11, PAG. Art. 8, BAG. Art. 29;

   zum Ueberschuß über 1 hinzugerechnet:

   Rechte, die nach 91 bestehen bleiben, s. VII 7 b β, δ; ob auch die auf Grund Vereinbarung nach 91 Abs. 2 bestritten, dürfte zu verneinen sein; s. aber BayZfR 1905 S. 255;

   diese Summe auf einzelne Grundstücke verteilt, von dem hienach auf einzelne Grundstücke fallenden Betrag wird Gesamtbetrag der an diesem bestehen bleibenden Rechte abgezogen; — besteht solches Recht an mehreren der versteigerten Grundstücke, so bei jedem nur mit einem dem Wertverhältnis entsprechenden Teilbetrag abziehen!

   s. Beispiel XII C I 3 α;

3. reicht Anteil am Erlös nach 2 nicht zur Befriedigung der Ansprüche, die nach geringstem Gebot bar zu zahlen oder durch Meistgebot beim Einzelausgebot gedeckt wurden, so Erhöhung des Anteils um Fehlbetrag 112 Abs. 3.

Beispiel zu XII C I:

α) stellt sich bei Beispiel XII B c α Notwendigkeit der Verteilung des Erlöses nach 112 heraus, weil z. B. Grundstück II während des Verfahrens weiterveräußert wurde, so:

vom Bargebot zu	2000 Mk.
zunächst in Abzug Kosten mit	110 „
	1890 Mk.
hiezu Beträge der nach 91 nicht erlöschenden Rechte, d. s. Hypotheken A, B, C	16 000 „
	17 890 Mk.

Ist nun Wert des Grundstücks I 16 000 Mk., II 1000 Mk., so sind diese 17 890 zu verteilen nach Verhältnis des Werts 16 : 1 auf I mit 16 771 Mk. auf II mit 1 119 Mk.

Hievon nach 112 Abs. 2 Satz 3 Betrag der bestehen bleibenden Rechte in Abzug, also

bei I	16771 Mk.	bei II	1119 Mk.
ab Hypotheken A und B	15000 „	Hypothek C	1000 „
	1771 Mk.		119 Mk

d. i. zusammen 1890 Mk.
hiezu obige Kosten 110 „
2000 Mk., d. i. Meistgebot im Gesamtausgebot:

da durch die auf die einzelnen Grundstücke fallenden Beträge die in das geringste Gebot fallenden Zinsen gedeckt sind, ist hier Verfahren nach 112 Abs. 3 nicht erforderlich;

β) **Beispiel** zu XII C 3:

angenommen in dem sonst gleichbleibenden Beispiel zu XII B c α betragen bei Grundstück II die rückständigen, in das geringste Gebot einzurechnenden Zinsen C (statt 10 Mk.) 130 Mk.: es wäre dann das geringste Gebot

I (wie bisher) 350 Mk. — II 140 Mk.
im Einzelausgebot: Meistgebot I = 1000 Mk., II = 140 Mk.
Gesamtausgebot: geringstes Gebot: 350 Mk.
140 „
650 „
1140 Mk.

Meistgebot im Gesamtausgebot 2000 Mk., hierauf Zuschlag!
hievon zunächst in Abzug Kosten = 110 „
1890 Mk.
hiezu Hypotheken A, B, C = 16000 „
17890 Mk.,

hievon bei gleichen Werten wie bei vorherigem Beispiel zu C α:

auf I	16771 Mk.	auf II	1119 Mk.
ab Hypotheken A, B	15000 „	ab Hypothek C	1000 „
	1771 Mk		119 Mk.

Da bei Grundstück II die durch Zahlung zu berichtigenden Ansprüche der Zinsen C sich auf 130 Mk. belaufen, so ist von dem auf Grundstück I entfallenen Anteil am Erlös zu 1771 Mk. der Fehlbetrag bei II mit 130 — 119 = 11 Mk. zu entnehmen, so daß also bei I 1760 Mk. verbleiben, bei II 130 Mk. werden.

II. wenn Grundstücke mit **Gesamtbelastung** in demselben Verfahren versteigert,

— gleichgültig ob Zuschlag auf Einzelausgebot oder Gesamtausgebot, in letzterem Fall Zerlegung nach 112, s. XII, C I; —

1. Wahlrecht des Gläubigers der Gesamtbelastung, z. B. Gesamthypothek, Befriedigung aus jedem der verhafteten Grundstücke ganz oder teilweise zu suchen BGB. 1132 Abs. 1 Satz 2;

2. macht Gläubiger vom Wahlrecht unter 1 nicht Gebrauch, so, wenn Versteigerungserlös **bar** vorhanden, von Amts wegen Verteilung desselben auf Gesamtbelastung, nach Abzug der vorgehenden, durch Barzahlung zu deckenden Rechte, nach Verhältnis der Erlöse 122 Abs. 1.

Beispiel (nach Motiven zum Vorentwurf S. 160):

bei Grundstück I verfügbares Recht 700 Mk., bei II 900 Mk., Gesamtbelastung: 1000 Mk.

Verteilung bei I: $\frac{x}{1000} = \frac{700}{700 + 900}$; $x = \frac{700 \cdot 1000}{1600} = 437.50$ Mk.

$$\text{bei II}: \frac{x}{1000} = \frac{900}{700 + 900}; \; x = \frac{900 \cdot 1000}{1600} = 562.50 \text{ Mk.}$$

Ueberschuß bei jedem Grundstück nach festgesetzter Reihenfolge; Eventualverteilung s. 4;

3. zahlt Ersteher nicht bar, ist also dem Gläubiger Forderung gegen ihn zu übertragen — 118, s. IX 30—32, — so ist der ganze Anspruch bei jedem Grundstück in den Teilungsplan aufzunehmen 122 Abs. 2;

CPO. 867 Abs. 2 keine Anwendung;

es kann hier neue Gesamtsicherungshypothek entstehen, doch nicht Belastung des Einzelgrundstücks über die Zuschlagsverpflichtungen;

ist beim **Beispiel** unter IX C II 2 der Erlös bei beiden Grundstücken I und II nicht gezahlt, so ist Gesamthypothekengläubiger in beide Teilungspläne je mit 1000 Mk. aufzunehmen, dagegen zur Deckung dieses Anspruchs ihm die Forderung gegen den Ersteher von Grundstück I in Höhe von 500 Mk., von II in Höhe von 900 Mk. zu übertragen und Sicherungshypotheken in diesen Höhen einzutragen; — hat der Ersteher I den Erlös bezahlt, II nicht, so erhält Gesamthypothekengläubiger die gesamten 700 Mk., fällt mit 300 Mk. bei Grundstück I aus, erhält aber bei II die Forderung gegen Ersteher in Höhe von 300 Mk. übertragen; — zugleich Eventualverteilung s. 4;

bei Zv. von mehr als zwei Grundstücken werden bei Nichtzahlung des Erlöses von einem Grundstück die Barerlöse der anderen nach deren Verhältnis zu einander zur Deckung herangezogen;

4. bei Uebertragung der Forderung gegen den Ersteher auf Anspruch, für den auch anderes Grundstück haftet, — auch wenn dieses nicht versteigert wird, im Teilungsplan **Eventualverteilung** vorsehen für den Fall, daß Recht auf Befriedigung aus zugeteiltem Betrag nach Maßgabe der besonderen Vorschriften über die Gesamthypothek erlischt 123; s. VII 7 b γ; — „wenn und soweit das Recht des Gesamthypothekengläubigers .... auf Befriedigung aus der auf ihn in Höhe von .... übertragenen Forderung gegen den Ersteher .... nach Maßgabe der besonderen Vorschriften über die Gesamthypothek erlischt, wird diese Forderung an nachstehende Gläubiger zu den beigefügten Beträgen und in nachstehender Rangordnung übertragen: ....“.

XIII. Zwangsverwaltung.

§§ 146—161.

Vgl. I. Vorbemerkungen, PAG. Art. 43, WV. 43—48; — entsprechende Anwendung der Vorschriften über Zv. 146, nicht des Konkursverfahrens OLG. 5 S. 337.

A. Antrag f. II: 146, 16, 17, 147.

Zum Amtsgericht [1]

Antrag [2]

des in , Gläubigers,

gegen

den in , Schuldner

auf Zwangsverwaltung.[3]

In nebenbezeichneter Sache beantrage ich unter Vorlage der vollstreckbaren Ausfertigung der Urkunde des Notariats .... vom .... GRNr. (oder des Urteils des ......gerichts .... vom ....)[4] mit Zustellungsnachweis[5] vom , sowie unter Bezugnahme auf das Grundbuch des Vollstreckungsgerichts für Band Blatt=Nr. (oder — falls Vollstreckungsgericht nicht zugleich Grundbuchamt ist: unter Vorlage eines Zeugnisses des Grundbuchamts, daß Schuldner als Eigentümer des Grundstücks eingetragen ist; — **oder** falls Schuldner Erbe des eingetragenen Eigentümers ist:

unter Vorlage eines Erbscheins des Amtsgerichts .... vom ...., nach welchem .... Erbe des eingetragenen Eigentümers .... ist; — **oder** falls Schuldner nicht als Eigentümer eingetragen, das Grundstück aber im Eigenbesitz[6] hat:

ferner, nachdem mein Anspruch als Hypothek auf dem vorerwähnten Grundstück unterm eingetragen, Schuldner als Eigentümer zwar nicht eingetragen ist, aber das Grundstück im Eigenbesitz hat, wie bei Gericht offenkundig ist oder durch anliegende eidesstattliche Versicherung des .... glaubhaft gemacht wird[7] und derselbe laut vorliegendem Urteil des ....gerichts .... vom zur Duldung der Zwangsverwaltung verurteilt ist):[8]

Amtsgericht wolle die Zwangsverwaltung des auf den Namen des .... eingetragenen (oder dem .... als Erben des eingetragenen

Eigentümers gehörigen oder des im Eigenbesitz des .... stehenden), in ...., Gemeinde ...., ...amts (Kreis) .... gelegenen Anwesens[9] Plan-Nr. .... (Haus-Nr. .... an der ....straße in ....), wie solches im Grundbuch für .... Band .... Blatt-Nr. .... eingetragen ist, zugunsten meiner Forderung zu .... nebst .... Zinsen hieraus seit .... und .... Kosten anordnen.

Als Zwangsverwalter schlage ich den zur Uebernahme dieses Amts bereiten und geeigneten .... vor.[10]

.... den ....

(Unterschrift).

Anmerkungen zu XIII A:

XIII A Anm. 1. 146, s. II Anm. 1; nicht Notar oder Kommissär s. BAG. Art. 25, WAG. Art. 273, ElsLothAG. 1 Abs. 2, aber in Baden BadAG. 1.

XIII A Anm. 2. s. II Anm. 2; Antrag auf Zwangsverwaltung kann zulässig sein, wenn Antrag auf Zv. es nicht ist, s. CPO. 772, 773; ferner II Anm. 11 und XIII C 2 d IV. Klasse;

Antrag auf Erlassung einstweiliger Verfügung s. XIII A Anm. 4 und B Anm. 1.

XIII A Anm. 3. **Zwangsverwaltung** neben Zv. und Eintragung einer Sicherungshypothek zulässig CPO. 866 Abs. 2; — falls gleichzeitig Zv., vgl. 10 Nr. 1 — s. VI 5 c α —, 13 Abs. 3, — 77 Abs. 2 —; entsprechende Anwendung der Vorschriften über Zv. 146; — Anordnung auf Grund einstweiliger Verfügung s. XIII B Anm. 1.

XIII A Anm. 4. s. II Anm. 5, 6, 8; in Preußen Steuerbuchsauszüge nicht beifügen E. 5, PAG. Art. 4, s. II Anm. 8 b;

erforderlich ist Titel auf **Befriedigung** des Gläubigers wegen Geldforderung, fraglich ob auf Grund Arrestbefehls oder einstweiliger Verfügung statthaft CBlfG. 1903 S. 402, 446, RG. 52 S. 138; XIII B 1.

XIII A Anm. 5. s. II Anm. 6; Vollstreckungsklausel muß gegen derzeitigen Eigentümer oder Eigenbesitzer — s. XIII A Anm. 6, 7, 8 — lauten.

XIII A Anm. 6. Zwangsverwaltung wegen Anspruchs aus eingetragenem Recht — Hypothek, Grund-, Rentenschuld, Reallast — auch dann, wenn Schuldner nicht als Eigentümer des Grundstücks eingetragen oder Erbe des eingetragenen Eigentümers ist, gegen **Eigenbesitzer**, d. h. den, der Sache als ihm gehörend — BGB. 872 — besitzt, z. B. Käufer vor Auflassung, wenn ihm Grundstück übergeben, nicht Pächter, Mieter, Nießbraucher, — gegen diese nur nach CPO. 857 — 147; — nicht, wenn Gläubiger nur persönlichen Anspruch gegen Eigenbesitzer hat: — Widerspruchsrecht des Eigentümers gegen Zwangsverwaltung nach CPO. 771.

XIII A Anm. 7. Eigenbesitz muß offenkundig bei Gericht sein oder durch Urkunden — öffentliche nicht vorgeschrieben — glaubhaft gemacht werden CPO. 294, 147 Abs. 2.

XIII A Anm. 8. statt dieses Titels genügt es auch, wenn Eigenbesitzer Einleitung der Zwangsverwaltung auf Grund eines gegen Eigentümer lautenden vollstreckbaren Titels freiwillig duldet.

XIII A Anm. 9. in Bruchteil, wenn dieser im Anteil eines Miteigentümers besteht und dieser über denselben verfügen kann, oder Anspruch des Gläubigers sich auf Recht gründet, mit dem Bruchteil als solcher belastet CPO. 864 Abs. 2;

unzulässig in eingetragenes Schiff CPO. 870 Abs. 2;

auch nach Konkurseröffnung über Vermögen des Schuldners zulässig KO. 4 Abs. 2, 47, BGB. 1147, RG. 52 S. 140.

XIII A Anm. 10. nicht erforderlich; s. im übrigen XIII B Anm. 6.

B. Beschlagnahmebeschluß (s. III, 146, 19, 20, 148 ff.

Gesch.Nr. ......

Beschluß.[1, 2]

Auf Antrag des .... in ...., Gläubigers gegen den .... in ...., Schuldner wird zugunsten des laut vollstreckbarer, mit Zustellungsnachweis versehener Urkunde des Notariats .... vom .... GRNr. .... (oder des Urteils des .... gerichts .... vom ....) dem Gläubiger .... gegen .... zustehenden Anspruchs im Betrag von .... Mk. nebst ...... Zinsen hieraus seit .... die **Zwangsverwaltung** des auf den Namen des .... im diesgerichtlichen Grundbuch für .... Band .... Blatt-Nr. eingetragenen (oder im Eigenbesitz[3] des Schuldners befindlichen, im diesgerichtlichen Grundbuch für .... Band .... Blatt-Nr. .... eingetragenen) in ...., Gemeinde ...., ...amts (Kreis) .... gelegenen Grundstücks Plan-Nr. .... (Haus-Nr. .... an der .... straße in ....) angeordnet.

(Dieser Beschluß gilt zugunsten des Gläubigers .... als Beschlagnahme des Grundstücks.)[4]

Durch die Beschlagnahme wird dem Schuldner die Verwaltung und Benutzung des Grundstücks entzogen.[5]

Als Verwalter[6] wird .... bestellt.[7]

Demselben wird die Ermächtigung erteilt, sich den Besitz des Grundstücks zu verschaffen (oder: das Grundstück wird ihm durch .... übergeben werden).[8]

Das Grundbuchamt des unterfertigten Gerichts wird um Eintragung dieser Anordnung ersucht.[9]

.... den ....

Amtsgericht[10] ....

Anmerkungen zu XIII B:

XIII B Anm. 1. Anordnung auf Grund einstweiliger Verfügung s. XIII A 4;

bei Anordnung von „Sequestration" Vorschriften des Gesetzes entsprechende Anwendung, doch keine Beschlagnahmewirkung, kein Eintrag in Grundbuch, Recht auf Nutzungen verbleibt dem Schuldner usf. GruchotsBeitr. 1901 S. 314, Recht 1901 S. 567, BuschsZ. 29 S. 249, CBlFG. 1903 S. 402.

XIII B Anm. 2. Zustellung s. III Anm. 3, 146; — Ausfertigung an Verwalter PreußAllgVerf. v. 8. Dezember 1899 § 1 (JMBl. S. 791).

XIII B Anm. 3. s. XIII A Anm. 6—8.

XIII B Anm. 4. braucht nicht ausdrücklich ausgesprochen werden;

a) **Umfang** der Beschlagnahme, s. III Anm. 7, VII 7 a; — jedoch hier Grundstück und alle Gegenstände, auf welche sich Hypothek erstreckt 146, 20, 148 Abs. 1; — nicht Zubehör, das nicht im Eigentum des Grundeigentümers OLG. 8 S. 11; — insbesondere:

aa) (s. III 7 c α): land- und forstwirtschaftliche Erzeugnisse, auch wenn bereits geerntet und wenn nicht Zubehör, ebenso Versicherungsforderung, — bei vom Grundstück getrennten Erzeugnissen und Bestandteilen s. III 7 c β; — RG. v. 13. Januar 1904 in JDR. II S. 388;

bb) (s. III 7 c δ): **Miet-** und **Pachtzins**forderungen, auf welche sich Hypothek erstreckt — Zahlungsverbot s. unten b ε, — BuschsZ. 32 S. 170, OLG 8 S. 6;

mit Ausnahmen:

α) der bei Eintritt der Beschlagnahme bereits ein Jahr fälligen; — war Zins im voraus zu entrichten, so unter Beschlagnahme, soweit er für spätere Zeit als das zur Zeit der Beschlagnahme laufende und folgende Kalendervierteljahr zu entrichten BGB. 1123 Abs. 2;

β) der vor Beschlagnahme bereits eingezogenen oder über die vorher Verfügung getroffen, soweit diese nicht für später als laufendes und folgendes Kalendervierteljahr, sonst Beschlagnahmegläubiger gegenüber unwirksam BGB. 1124;

nach — auch zu Unrecht erfolgter Aufhebung der Zwangsverwaltung kann Eigentümer den Hypothekgläubigern gegenüber wirksam über Mietzinse verfügen RG. im CBlFG. 4 S. 90;

cc) Ansprüche aus einem mit Eigentum am Grundstück verbundenen Recht auf wiederkehrende Leistungen, soweit nicht über ein Jahr fällig oder voraus verfügt, doch letzteres unzulässig, wenn Leistung erst 3 Monate nach Beschlagnahme fällig BGB. 1126;

b) **Wirksamkeit** der Beschlagnahme, s. III Anm. 9 b:

α) mit Zustellung des Anordnungsbeschlusses an den Schuldner 146, 22;

β) mit Eingang des Ersuchens um Eintragung des Zwangsverwaltungsvermerks beim Grundbuchamt, sofern hierauf Eintragung demnächst erfolgt 146, 22;

γ) mit Zustellung des Beitrittsbeschlusses an Verwalter, der sich bereits im Besitz des Grundstücks befindet 151 Abs. 2;

δ) dadurch, daß Verwalter Besitz des Grundstücks — auf Grund gerichtlicher Ermächtigung oder Uebergabe durch Gerichtsvollzieher oder sonstigen Beamten erhält 151 Abs. 1, E. 14, PreußAllgVerf. v. 8. Dezember 1899 § 2;

ε) bei Beschlagnahme einer Forderung gegenüber Drittschuldner, sobald ihm Beschlagnahme bekannt oder Zahlungsverbot zugestellt wird 146, 22 Abs. 2;

Mieter oder Pächter kann solang an bisherigen Eigentümer zahlen 151, CPO. 829;

auf Antrag des Gläubigers 22 Abs. 2 oder des Verwalters 151 Abs. 3, E. 14, PreußAllgVerf. v. 8. Dezember 1899 § 2 Abs. 3 (JMBl. S. 791), s. auch BGB. 1123 Abs. 2, 1124, 1126 —:

Zahlungsverbot.

Gesch.Nr. ......

Auf Antrag des .... in ...., Gläubigers gegen .... in ...., Schuldner ist mit Beschluß des unterfertigten Gerichts vom .... die Zwangsverwaltung des auf den Namen des .... im Grundbuch des Amtsgerichts .... für .... Band ...... Blatt-Nr. ...... eingetragenen, in ...., Gemeinde ...., ...amts (Kreis) .... gelegenen Grundstücks Plan-Nr. ...... (Haus-Nr. ...... an der ......straße in ....) angeordnet und das Grundstück zugunsten des Gläubigers .... in Beschlag genommen. Dem Schuldner ist damit die Verwaltung und Benutzung entzogen.

Die Beschlagnahme umfaßt auch die dem Schuldner zustehenden Miet- und Pachtforderungen aus dem Grundstück.

Soweit dem Schuldner eine solche Forderung gegen Sie zusteht, wird Ihnen verboten, die Mietzinsen, auch soweit sie fällig sind, an den Schuldner zu entrichten. Zur Empfangnahme der Zahlungen ist nur der als Verwalter bestellte .... berechtigt.

den

Amtsgericht

Zahlungsverbot solang wirksam, bis Drittschuldner vom Gericht Kenntnis der Aufhebung erlangt OLG. 2 S. 478;

5) wenn zweiter Termin zur Versteigerung ergebnislos, so auf Antrag des Gläubigers Zwangsverwaltung: hiebei bleiben Wirkungen der für Zv. erfolgten Beschlagnahme bestehen 77 Abs. 2, s. auch VI 8 Anm. 2 e;

c) **Wirkungen** der Beschlagnahme, s. III Anm. 9 c, nur zugunsten des betreibenden Gläubigers, nicht auch der übrigen HansGZ. 24 S. 251:

relatives Veräußerungsverbot;

Schuldner aber hier Verwaltung und Benutzung des Grundstücks entzogen, kann auch nicht über einzelne Gegenstände innerhalb Grenzen ordnungsmäßiger Wirtschaft dem Gläubiger gegenüber wirksam verfügen 148 Abs. 2;

Ausnahme:

wenn Schuldner oder dessen Familie zur Zeit der Beschlagnahme auf Grundstück wohnt, so Belassung der für seinen Hausstand unentbehrlichen Räume; — Entscheid durch Gericht, dagegen Einwendungen nach CPO. 766; — dagegen sofortige Beschwerde nach CPO. 793 durch Beteiligte, nicht Verwalter;

kein Recht auf Einräumung einer Wohnung, auf Entschädigung, wenn Schuldner auszieht, auf notdürftigen Lebensunterhalt 149, E. 14, PreußAllgVerf. v. 8. Dezember 1899 § 3 (JMBl. S. 791); — WAG. Art. 281: bei standesherrlichen usf. Gütern;

bei Gefährdung des Grundstücks oder der Verwaltung durch Schuldner oder Mitglied seines Hausstands, so auf Antrag eines Beteiligten — auch Verwalters — Anordnung der sofortigen Räumung durch Vollstreckungsgericht; — sofort vollstreckbar CPO. 794 Nr. 3; — 149 Abs. 2, RG. 37 S. 358; BuschsZ. 31 S. 408; s. oben IV.

XIII B Anm. 5. s. Anm. 4 c.

XIII B Anm. 6. Verwalter: Auswahl durch Gericht, nicht an Vorschlag gebunden, doch Anhörung 153, nach freiem Ermessen, Bestellung des Eigentümers zulässig HansGZ. 1902 S. 226, OLG. 5 S. 337, ebenso des Konkursverwalters;

Erinnerung der Beteiligten nach CPO. 766; — hiegegen sofortige Beschwerde;

s. auch die folgenden Anmerkungen;

Verwalter darf Verwaltung nicht übertragen, bei Verhinderung unverzügliche Anzeige E. 14, PreußAllgVerf. v. 8. Dezember 1899 § 14 (JMBl. S. 791);

rechtliche Stellung SeuffA. 58 S. 427; BuschsZ. 30 S. 304; MecklZ. 21 S. 51

XIII B Anm. 7. Bestellung des Verwalters durch Gericht; — keine förmliche Verpflichtung, etwa an Eidesstatt:

erhält in Preußen, Sachsen, Bayern: Ausfertigung obigen Beschlusses XIII B als Legitimation E. 14, PreußAllgVerf. v. 8. Dezember 1899 (JMBl. S. 791); — SächsVO. v. 19. Juni 1900 § 14 (GuVBl. S. 319); — BayBek. v. 31. März 1905 § 10 (JMBl. S. 591);

falls eigene

Bestallung: — WV. 44 — vorgeschrieben:

In dem auf Antrag des .... angeordneten Verfahren wegen Zwangsverwaltung wird hiedurch Herr .... als Verwalter des auf den Namen des .... im Grundbuch des Amtsgerichts .... für .... Band .... Blatt-Nr. .... eingetragenen, in ...., Gemeinde ...., ...amts (Kreis) .... gelegenen Grundstücks Plan-Nr. .... (Haus-Nr. .... an der .... straße in ....) bestellt

Demselben wird die Ermächtigung erteilt, sich selbst den Besitz des vorerwähnten Grundstücks zu verschaffen.

.... den ....

Amtsgericht ....

XIII B Anm. 8. Rechte und Pflichten des Verwalters:

a) Besitz des Grundstücks 150 Abs. 2; — nach Ermessen des Gerichts entweder

α) eigene Besitzergreifung, CPO. 892, 758 Abs. 3, 759, gegenüber unmittelbarem Besitzer — BGB. 868 — unzulässig, RG. 38 S. 397; — s. auch bezüglich Mieter und Pächter 152 Abs. 2;

β) durch Gerichtsvollzieher CPO. 759—763 oder sonstigen Beamten; — z. B. Zwangsverwaltungsinspektor PreußAllgVerf. v. 8. Dezember 1899 § 5 (JMBl. S. 791); BayGeschOfGVollz. v. 16. Dezember 1899 § 5; WV. 44 Abs. 3; — auch durch Gericht selbst zulässig; s. auch RG. in Nassow-Küntzel 33 S. 1113; — Verfahren bei Uebergabe s. PreußAllgVerf. v. 8. Dezember 1899 § 2; — Aufnahme eines Protokolls; — Verzeichnis der übernommenen Sachen WV. 45 Abs. 1.

Gesch.Nr. ....

Amtsgericht ....

An den Zwangsverwaltungs-Inspektor ....

Auftrag zur Uebergabe (Preußen):

Nachdem die Zwangsverwaltung des in .... gelegenen Grundstücks Plan.Nr. .... (Haus-Nr. .... an der .... straße in ....) gegen .... angeordnet und .... als Verwalter bestellt ist, erhalten Sie hiemit den Auftrag, das Grundstück dem Verwalter zu übergeben und bei der Uebergabe eine Verhandlung nach Maßgabe des § 2 der AllgVerf. vom 8. Dezember 1899 zu pflegen.

.... den ....

.... Amtsrichter.

Protokoll der Uebernahme.

Zwangsverwaltung .... den ....

Verhandelt.

Nachdem durch Beschluß des Amtsgerichts .... vom .... die Zwangsverwaltung des im Grundbuch des Amtsgerichts ....

für ... Band ... Blatt-Nr. ... eingetragenen, in ..., Gemeinde ..., ...amts (Kreis) ... gelegenen Grundstücks Plan-Nr. ... (Haus-Nr. ... an der ... straße in ...) ... gegen ... wegen einer Forderung des ... zu ... angeordnet und ... als Zwangsverwalter bestellt wurde, steht heute zur Uebergabe des Grundstücks an den ernannten Verwalter an Ort und Stelle Termin an.

Zu demselben haben sich eingefunden: ...

Das in Rede stehende Grundstück besteht aus: ...

Ueber Benutzung des Grundstücks wird auf anliegendes Verzeichnis Bezug genommen, welches nach Angabe (des Eigentümers) hergestellt wurde.

Größere Reparaturen sind anscheinend nicht erforderlich.

Das Grundstück wurde dem Verwalter ... zur Verwaltung übergeben. Derselbe beantragt, an sämtliche Mieter das Zahlungsverbot zu erlassen.

An Zubehör des Grundstücks sind vorhanden: ...

b) Vornahme aller Handlungen — im eigenen Namen, — die erforderlich, um Grundstück im wirtschaftlichen Bestand zu erhalten — „tunlichst bisherige Benützungsart" — und ordnungsmäßig zu benutzen 152 Abs. 1, E. 14, PreußAllgVerf. v. 8. Dezember 1899 §§ 6, 12, 13; WV. 45 Abs. 2;

insbesondere:

Abschluß von Miet- und Pachtverträgen; ist Grundstück vor Beschlagnahme Mieter oder Pächter überlassen, so Mietvertrag auch gegenüber Verwalter wirksam, sonst beide nicht gebunden 152 Abs. 2; analoge Anwendung von KO. 17 BuschsZ. 32 S. 141;

bei Familienfideikommissen, Lehen usf. E. 2, 12, PreußAllgVerf. v. 8. Dezember 1899 §§ 7, 18, BAG. Art. 36;

Abschluß von Versicherungen z. B. gegen Feuersgefahr, Kosten sind Verwaltungsausgaben 152;

Anfechtung von Dispositionen über Mietzins vor Beschlagnahme s. KGBl. 1906 S. 107;

Verwalter kann, braucht nicht in bestehende Lieferungsverträge eintreten OLG. 5 S. 338; Eintritt in Dienstverträge bestritten, dürfte zu bejahen sein, s. GruchotsBeitr. 1901 S. 330, BuschsZ. 31 S. 407;

innerhalb seiner Befugnisse zur Prozeßführung berechtigt; — Eidesleistung RG. in SeuffA. 58 S. 337; —

Anweisung 153, s. g; E. 14; PreußAllgVerf. v. 8. Dezember 1899 §§ 4, 5; WV. 45 Abs. 4;

nicht Gewerbe, z. B. Gastwirtschaftsbetrieb fortsetzen BuschsZ. 31 S. 315; S. 396; 33 S. 447;

wenn Grundstück zugleich mit Nießbrauch belastet RG. 56 S. 389;

c) Geltendmachung der Ansprüche, auf welche Beschlagnahme sich erstreckt 152, RG. in CBlFG. 4 S. 90; — Antrag auf Erlassung eines Zahlungsverbots s. XIII B Anm. 4 b;

Einziehen von Miet- und Pachtzinsen und Versicherungsgelder, letztere nur soweit für zerstörte und beschädigte Früchte zur Teilungsmasse; — E. 14, PreußAllgVerf. v. 8. Dezember 1899 §§ 8, 9, WV. 45 Abs. 2;

d) Umsetzung von für Verwaltung entbehrlichen Nutzungen in Geld 152, WV. 45 Abs. 2;

Pfändung für Personalgläubiger CPO. 865 Abs. 2, RG. in GruchotsBeitr. 3. S. 1163;

e) Rechnungslegung — BGB. 259 — ev. Offenbarungseid — jährlich und nach Ende der Verwaltung dem Gläubiger und dem Schuldner; — Vorlegung bei Gericht — Mitteilung — 154; dem Vollstreckungsgericht auf Anordnung jederzeit — Vorlegung der Bücher, Belege, Kasse 153, E. 14, PreußAllgVerf. v. 8. Dezember 1899 §§ 17—30 (JMBl. S. 791); — WV. 45 Abs. 5, 6, 46; — keine Entlastung Recht 1904 S. 356;

f) Antrag auf Terminsbestimmung zur Leistung von Zahlungen auf eingetragenes Kapital 158, E. 14, PreußAllgVerf. v. 8. Dezember 1899 § 11 Abs. 2; s. XIII C 2 e β;

g) Auszahlungen nach der ihm vom Gericht erteilten Anweisung 153, E. 14, PreußAllgVerf. v. 8. Dezember 1899 §§ 10—13; s. XIII C 2 e α;

sonst nach pflichtgemäßem Ermessen — s. oben b — 155, BGB. 670;

zunächst Ausgaben der Verwaltung: Löhne, Prozeßkosten, Honorar, Versicherungsprämien, Vorschüsse des Gläubigers zur Erhaltung und nötigen Verbesserung (bestritten!);

sodann öffentliche Lasten — ohne weiteres Verfahren 156 Abs. 1, WB. 45 Abs. 3; s. XIII C 1;

weitere Auszahlungen nach Teilungsplan — s. XIII C 2 ff. — oder Hinterlegungen nach Zeit der Fälligkeit 157; bei Zahlungen auf eingetragenes Kapital s. f;

gesonderte Aufbewahrung von Geld; Ablieferung größerer Beträge an Gericht WB. 45 Abs. 4, 6;

wenn Grundstück mit Nießbrauch belastet, Klagerecht des Verwalters gegen Nießbraucher RG. in JW. 1904 S. 186 Nr. 38;

h) Haftung des Verwalters für Erfüllung der Verpflichtungen gegenüber allen Beteiligten wegen Vorsatzes und Fahrlässigkeit 154, BGB. 276;

Sicherheitsleistung nach Ermessen und auf Anordnung des Gerichts 153 Abs. 2, E. 14, PreußAllgVerf. v. 8. Dezember 1899 § 4 Abs. 2, WB. 45 Abs. 5;

i) Beaufsichtigung durch Gericht, auch unter Zuziehung eines Sachverständigen;

Rechnungskontrolle s. oben e; Berichterstattung 153, E. 14, PreußAllgVerf. v. 8. Dezember 1899 § 5 Abs. 4; WB. 46;

gegen Entscheidungen Einwendung nach CPO. 766, sodann sofortige Beschwerde;

wiederholte Ordnungsstrafe bis 200 Mk. 153 Abs. 2, Beschwerderecht des Verwalters;

in Preußen: unverzügliche Berichterstattung des Verwalters an Gericht, insbesondere wenn er zur Besitzergreifung des Grundstücks ermächtigt E. 14, PreußAllgVerf. v. 8. Dezember 1899 § 2 Abs. 2;

k) Entlassung durch Gericht; — sofortige Beschwerde 153 Abs. 2, SächsVO. v. 19. Juni 1900 § 14 Abs. 2;

nach Beendigung der Verwaltung s. XIII E Anm. 5 und 6;

l) sofortige Anzeige an Gericht, wenn Grund zur Einstellung oder Aufhebung des Verfahrens WB. 45 Abs. 7;

m) Vergütung, durch Gericht festsetzen — sofortige Beschwerde 153, E. 14, PreußAllgVerf. v. 8. Dezember 1899 §§ 16, 18 Abs. 2; — zweckmäßig schon bei Bestellung nach Anhörung des Verwalters, Gläubigers, Schuldners festsetzen, ev. erhöhen BayBek. v. 31. März 1905 § 10 (JMBl. S. 591);

vorweg aus Masse 155; gegen Schuldner vollstreckbar CPO. 788; — eventuelle Haftung des Gläubigers — gegen diesen im Klageweg festsetzen — nicht des Staats OLG. 2 S. 239; — PosMSchr. 1900 S. 153, RG. 43 S. 62 (für Konkursverwalter); — s. XIII C 1 a.

XIII B Anm. 9. nach Eingang der Mitteilungen des Grundbuchamts — 19 Abs. 2, s. III 11;

Eintrag in Abt. II.

„Nr. .... Die Zwangsverwaltung des Grundstücks ist angeordnet, eingetragen am ...., das Eintragungsersuchen ist am .... mittags .... Uhr bei dem Gericht eingegangen."

Benachrichtigung der Beteiligten von Anordnung der Zwangsverwaltung durch Zustellung von Amts wegen, — keine öffentliche Bekanntmachung — 3—7, 146 Abs. 2.

Gesch.-Nr. ....

Sie werden hiemit benachrichtigt, daß auf Antrag des .... wegen des Anspruchs zu .... auf Grund vollstreckbarer Ausfertigung des .... die Zwangsverwaltung des in ...., Gemeinde ...., ...amts (Kreis) .... gelegenen, auf den Namen

des .... im Grundbuch des Amtsgerichts .... für ....
Band .... Blatt=Nr. .... eingetragenen Grundstücks .... am .... angeordnet wurde.

Als Verwalter ist .... bestellt.

.... den ....

Amtsgericht

XIII B Anm. 10. s. XIII A Anm. 1.

C. Verteilungsverfahren 155—159, s. VIII—X.

1. zu verteilen sind die Nutzungen des Grundstücks 155; — Kommunmauerentschädigung gehört nicht zu Nutzungen OLG. 9 S. 139 — (bei gleichzeitiger Zv. Recht 1902 S. 170);

durch Verwalter vorweg zu bestreiten:

a) Ausgaben der Verwaltung, hiezu Honorar des Verwalters — s. XIII B Anm. 8 m —, Prozeßkosten, Versicherungsprämien, Auslagen für Vieh usf.; Vorschüsse des Gläubigers für Erhaltung usf. des Grundstücks (bestritten, ob nicht erst aus Ueberschüssen s. XIII C 2 d I zu decken 10 Nr. 1); GruchotsBeitr. 47 S. 376;

Liedlöhne, laufende, soweit Verwalter Dienste in Anspruch nimmt, hier, sonst nach 10 Nr. 2, XIII C 2 d II, zu decken; 155 Abs. 1, PreußAllgVerf. v. 8. Dezember 1899 § 12: nicht die öffentlichen Abgaben s. XIII C 2 d III, 156 Abs. 1; — falls Zwangsverwaltung unberechtigt geführt SeuffA. 57 Nr. 212;

b) Kosten des Verfahrens: gerichtliche Gebühren und Auslagen, mit Ausnahme der durch Anordnung des Verfahrens oder Beitritt eines Gläubigers entstehenden, die vom Gläubiger zu tragen, der sie im Gleichrang mit seinen sonstigen Ansprüchen liquidieren kann 155 Abs. 1, PreußAllgVerf. § 12; s. auch PAG. Art. 12; WV. 45 Abs. 3;

2. Ueberschüsse nach 1 auf Ansprüche nach 10 Nr. 1—5 in dortiger Reihenfolge 155 Abs. 2; wenn auch laufende öffentliche Lasten vom Verwalter „ohne weiteres Verfahren" zu berichtigen 156 Abs. 1, so muß doch, da diese Ansprüche nach 10 Nr. 1 und 2 vorgehen, wenn überhaupt außer zur Deckung der Ansprüche unter 1 noch Nutzungen da, **Verteilungsverfahren** eintreten:

a) Gericht hat zu prüfen, ob außer auf Ansprüche unter 1 noch auf andere Zahlungen geleistet werden können 156 Abs. 2;

b) Eingang der Mitteilungen des Grundbuchamts 19 Abs. 2, s. XIII B Anm. 9;

c) Terminsbestimmung, — s. VIII, — keine Frist! — zustellen an Beteiligte, auch die, welche Recht noch glaubhaft zu machen haben 105 Abs. 2 und Verwalter 156 Abs. 2, 3—7, keine Veröffentlichung!

Gesch.Nr. ....

Im Verfahren zum Zweck der Zwangsverwaltung des in ...., Gemeinde ...., ...amts (Kreis) .... gelegenen, auf den Namen des .... im Grundbuch des Amtsgerichts .... für .... Band .... Blatt=Nr. .... eingetragenen Grundstücks soll der Teilungsplan bezüglich der Nutzungend es Grundstücks aufgestellt werden.

Zu diesem Zweck ist Termin auf .... bei unterfertigter Amtsstelle Zimmer=Nr. .... bestimmt.

.... den ....

Amtsgericht ....

d) **Verteilungstermin,** s. IX.

Protokoll WB. 47.

Beispiel:

den

Anwesend:

als Richter.

als Gerichtsschreiber.

Im Verfahren zum Zweck der Zwangsverwaltung des in , Gemeinde ...., amts (Kreis) gelegenen, im Grundbuch des Amtsgerichts für Band Blatt-Nr. auf den Namen des eingetragenen Grundstücks steht heute zur Feststellung des Plans über die Verteilung der Nutzungen des Grundstücks Termin an.

Nach erfolgtem Aufruf der Sache erschienen:

Als Rechnungsverständiger ist zugezogen.

Nachdem festgestellt worden war, daß die erste Beschlagnahme am durch die an diesem Tag an den Grundstückseigentümer erfolgte Zustellung des das Verfahren der Zwangsverwaltung anordnenden Beschlusses des Amtsgerichts vom erwirkt worden ist, wurde nachstehender **Teilungsplan** nach Anhören der anwesenden Beteiligten[1] aufgestellt:[2]

I.[3] Aus den erzielten Nutzungen des Grundstücks wurden die Ausgaben der Verwaltung sowie die Kosten des Verfahrens einschließlich der vom Verwalter (innerhalb der ihm erteilten Anweisung) gemachten, mit Ausnahme der durch Anordnung des Verfahrens über Beitritt eines Gläubigers entstandenen, vorweg bestritten.

Aus den dann verbleibenden Ueberschüssen sind vom Verwalter die in § 10 Nr. 1—5 Ges. über die Zwangsverst. usf. bezeichneten Ansprüche zu berichtigen, die Ansprüche der 2., 3., 4. Klasse nur soweit, als laufende, von dem letztverflossenen Fälligkeitstermin vor der Beschlagnahme des Grundstücks ihren Anfang nehmende Leistungen zu berichtigen sind.

II. Von dem nach Deckung der unter I aufgeführten Forderungen verbleibenden Ueberschuß sind die laufenden Zinsen an die Hypothekengläubiger nach den Einträgen im Grundbuch derart zu überweisen, daß ein Nachstehender erst Zahlung erhält, wenn die Vorstehenden befriedigt sind.

Es sind somit in nachfolgender Reihenfolge zu zahlen:

1. .... Auslagen nach Beleg-Nr. .... Mk.
2. .... Verwaltungsauslagen „ .... „
3. .... Abt. III Nr. .... eingetragene Hypothek zu .... 4½ % Zinsen von .... „
4. Abt. III Nr. .... eingetragene Hypothek zu .... 4 % Zinsen von .... „

III. Die hiezu erforderlichen Zahlungen sind durch den Verwalter .... an den Fälligkeitsterminen zu leisten, soweit die jedesmaligen Leistungen der Nutzungen hinreichen.

IV. Falls dann Ueberschüsse verbleiben sollten, ist umgehend Bericht zu erstatten zwecks Herbeiführung der Befriedigung des betreibenden Gläubigers.

Es wurde sofort über den Teilungsplan verhandelt.[4, 5]

Amtsgericht ....

....

Anmerkungen zu XIII C 2 d.

XIII C 2 d Anm. 1. Anhören der anwesenden Beteiligten 113 Abs. 1, 156 Abs. 2 nötigenfalls Hilfe eines Rechnungsverständigen 113 Abs. 1, 156 Abs. 2;

XIII C 2 d Anm. 2. Aufstellung eines **Teilungsplans** für die **ganze** Dauer des Verfahrens 156 Abs. 2: keine Teilungsmasse, keine bestehen bleibenden Rechte; Feststellung der Schuldenmasse unter Bestimmung der Reihenfolge, in der Ansprüche aus den Nutzungen zu decken sind:

nach Inhalt des Grundbuchs, sonst nur soweit spätestens im Termin angemeldet oder im Antrag auf Zwangsverwaltung enthalten; - Glaubhaftmachung nicht erforderlich; Naturalleistungen als solche aufnehmen und zu gewähren, keine Umrechnung in Geld 114, 156 Abs. 2, — GruchotsBeitr. 47 S. 376.

XIII C 2 d Anm. 3. **Rangordnung** der Verteilung der Ueberschüsse nach Wegfertigung der Verwaltungsausgaben und Kosten des Verfahrens — s. XIII C 1 a und b —:

I. Klasse: Anspruch des betreibenden Gläubigers auf Ersatz der zur Erhaltung oder nötigen Verbesserung des Grundstücks gemachten Ausgaben, soweit nicht Verwaltungsausgaben, s. XIII C 1 a, 10 Nr. 1, 155; BAG. Art. 12 Abs. 2 und 3, SG. 1, s. VI 5 c α; GruchotsBeitr. 47 S. 376;

II. Klasse: **laufende** — 13 — Liedlöhne, soweit nicht Verwaltungsausgaben s. XIII C 1 a, 10 Nr. 2, 155; BAG. Art. 17 Abs. 1, BAG. Art. 38 Abs. 1, s. VI 5 c β;

III. Klasse: **laufende** — 13 — Beträge der öffentlichen Lasten 10 Nr. 3, 155, 156 Abs. 1, s. VI 5 c γ; Ermittlung s. GruchotsBeitr. 47 S. 376;

IV. Klasse: **laufende** — 13 — Beträge wiederkehrender Leistungen aus Rechten am Grundstück, soweit sie nicht infolge Beschlagnahme gegenüber Gläubiger unwirksam sind; **nicht** Rückstände, nicht Kapital!, nicht laufende Zinsen aus nach Beschlagnahme eingetragener Hypothek; 155 Abs. 2, 10 Nr. 4, Vorlegung des Hypothekenbriefs nicht erforderlich; wegen Befriedigung sogenannter „Revenuenhypotheken“: falls Berechtigter aus eingetragenem Rechte nur im Weg der Zwangsverwaltung Befriedigung suchen kann BAG. Art. 13 — bestritten, ob Stamm und ältere Rückstände in IV. oder V. Klasse; s. auch BAG. Art. 35: bei Fideikommissen, SAG. 27 Abs. 2, WAG. Art. 216, 280, 281;

V. Klasse: Anspruch des betreibenden Gläubigers, soweit nicht in früherer Klasse: Zinsrückstände, Kosten — s. XIII C 1 b — und Kapital; — erst **nach** Befriedigung sämtlicher Ansprüche der I.—IV. Klasse; — 155 Abs. 2, 10 Nr. 5; 158;

Ansprüche von 10 Nr. 6—8 bei Zwangsverwaltung nicht zu berücksichtigen, etwaiger Ueberschuß an Eigentümer oder Eigenbesitzer 155 Abs. 2, 161 Abs. 2.

XIII C 2 d Anm. 4. sofortiges **Verhandeln** über Teilungsplan 115, 156 Abs. 2, s. IX Anm. 19, 20, 23; — Widerspruch durch Verwalter unzulässig; — bei sonstigem Widerspruch — 115 — Eventualverteilung im Plan 124, 156 Abs. 2, s. IX Anm. 18, 19 b 2, 21, 24 f; ebenso bei Ungewißheit des Berechtigten 126, 156 Abs. 2;

sofortige Beschwerde bei prozeßrechtlichen Einwendungen CPO. 793, — s. IX Anm. 7, 19 a, — mindestens dann zulässig, wenn darauf gestützt, daß Plan formell nicht Gesetz entspricht Recht 1904 S. 226; SeuffA. 59 Nr. 191.

XIII C 2 d Anm. 5. **Aenderung** des Teilungsplans, auch wenn nicht Widerspruch, sobald Beteiligter Klage — nicht nach CPO. 878—882 — gegen diejenigen, deren Berücksichtigung geändert werden soll, erhebt und rechtskräftiges Urteil erwirkt 159 Abs. 1, doch keine Rückforderung einer planmäßigen Zahlung auf Grund späterer Planänderung 159 Abs. 2, doch Klage zulässig nach CPO. 878 Abs. 2; — Aenderung der Auszahlungsanweisung 157 Abs. 1, s. e α;

e) **Ausführung des Teilungsplans**:

α) soweit nicht Kapitalzahlungen — s. β —, Anweisung des Gerichts an Verwalter, planmäßig Beträge an Berechtigten zu zahlen; Vermerk auf Schuldtitel 127 Abs. 1;

oder bei Widerspruch, Unbekanntsein des Berechtigten zu hinterlegen 157, in letzterem Fall: Bestellung eines Vertreters, Aufgebot 135—142, 157 Abs. 2, s. IX 24 f;

Auszahlungen der laufenden Beträge öffentlicher Lasten ohne weiteres Verfahren 156 Abs. 1, XIII 2 d, III. Klasse; sonst nach Anweisung des Gerichts zur Zeit der Fälligkeit, soweit Bestände reichen 157 Abs. 1;

Ergänzung der Zahlungsanordnung bei nachträglichem **Beitritt** eines Gläubigers: Einstellung des Kapitals, rückständige Zinsen und Kosten in V. Klasse bei beitretendem Hypothekengläubiger, — kein Verteilungstermin — Zustellung des Ergänzungsbeschlusses — Klage nach 159 Abs. 1, — planmäßige Zahlung kann nicht auf Grund späterer Planänderung zurückgefordert werden 159 Abs. 2, 157; GruchotsBeitr. 47 S. 376;

β) bei Zahlungen auf **Kapital** einer Hypothek oder Grundschuld oder auf Ablösungssumme einer Rentenschuld — 158 —

nur möglich, wenn durch Verwaltungsüberschüsse außer Verwaltungsausgaben und Kosten die Ansprüche der I.—IV. Klasse — s. XIII C 2 d — gedeckt sind —

Antrag des Verwalters auf Terminsbestimmung; — Anberaumung eines Termins durch Gericht — Zustellung — 3—7 — an Verwalter und Gläubiger;

im Termin Auszahlung durch Verwalter — Vermerk im Protokoll — an erschienene Gläubiger, sonst Uebergabe des Geldes an Gericht, welches es an Gläubiger sendet oder hinterlegt 117, landesgesetzliche Bestimmungen s. IX Anm. 27—29; — Vorlegung des Briefs erforderlich, Verfahren nach 127, s. IX Anm. 33, 34;

Ersuchen des Vollstreckungsgerichts an Grundbuchamt um Löschung des befriedigten Rechts — Beifügung des Protokolls, nicht Briefs, — 158 Abs. 2, GBO. 39, 55, s. X A;

D. Außergerichtliche Verteilung

160, s. XI: zuvor Deckung aller Ausgaben der Verwaltung und Kosten des Verfahrens 155 Abs. 1; s. Recht 1901 S. 133.

E. Beendigung der Zwangsverwaltung 161.

Gesch.-Nr.

Beschluß.[1, 2]

Im Verfahren zum Zwecke der Zwangsverwaltung des im Grundbuch des Amtsgerichts .... für ...., Band .... Blatt-Nr. .... eingetragenen, in ...., Gemeinde ...., ... amts (Kreis) .... gelegenen Grundstücks .... wird das mit Beschluß des unterfertigten Gerichts vom .... angeordnete Zwangsverwaltungsverfahren hiermit aus dem Grunde aufgehoben, weil[3] ....

Das Grundbuchamt wird um Löschung des Zwangsverwaltungsvermerks ersucht.[4]

Der Verwalter .... hat das Grundstück dem Schuldner .... zurückzugeben[5] und nach Beendigung seines Amts seine Bestallung an unterfertigtes Gericht einzuliefern.[6]

.... den ....

Amtsgericht ....

Anmerkungen zu XIII E.

XIII E Anm. 1. Beendigung der Zwangsverwaltung **nur** durch Beschluß des Vollstreckungsgerichts 161 Abs. 1, auch noch nach Ende der Zv.; — sofortige Beschwerde gegen Beschluß zulässig;

XIII E Anm. 2. **zustellen** — 3—7 — an Schuldner, Gläubiger, Verwalter, Antragsteller und nach Ermessen des Gerichts anderen Beteiligten 161 Abs. 4, 32;

Mitteilung an Drittschuldner bei Forderungsbeschlagnahme, s. XIII B Anm. 4 b e;

Wirkung bezüglich Mietzinsen RG. im CBlFG. 4 S. 90.

XIII E Anm. 3. **Beendigungsgründe:**

a) bei Befriedigung des Gläubigers 161 Abs. 2, 158 Abs. 2;

b) bei Zurücknahme des Antrags 161 Abs. 4, 29;

c) bei Untergang des Grundstücks, Verlust desselben durch Enteignung oder Zusammenlegung EGzBGB. Art. 109, 113;

d) auf Anordnung des Prozeßgerichts CPO. 775 Nr. 1—3, 776, 707, 719, 769, 770;

e) nach durchgeführter Zwangsversteigerung erst nach Verwertung und Verteilung sämtlicher vor Zuschlag gezogenen Nutzungen; — auch wenn bisheriger Eigentümer Zuschlag erhält WB. 48 Abs. 2, OLG. 5 S. 336, Recht 1902 S. 170, 1903 S. 15, 363;

f) wenn ein aus dem Grundbuch ersichtliches Recht bekannt wird, welches der Zwangsverwaltung oder deren Fortsetzung entgegensteht 161 Abs. 4, 28;

g) wenn sich herausstellt, daß Verfahren, z. B. wegen Unzuständigkeit des Gerichts, unzulässig;

h) wenn Fortsetzung des Verfahrens besondere Aufwendungen erfordert und Gläubiger den nötigen Geldbetrag nicht vorschießt 161 Abs. 3, BuschZ. 30 S. 151;

i) bei Forderungen landschaftlicher — ritterschaftlicher — Kreditanstalten PreußGes. v. 3. August 1897 § 6 Abs. 2 (Ges. S. S. 388).

XIII E Anm. 4. Ersuchen an Grundbuchamt 161 Abs. 4, 34.

XIII E Anm. 5. Verwalter hat sofort Grundstück mit verfügbarem, d. h. nicht zur Deckung der Verwaltungsausgaben, Kosten des Verfahrens und laufenden öffentlichen Lasten erforderlichen Bestand der Nutzungen an Schuldner zurückzugeben, sonst BGB. 303.

XIII E Anm. 6. Verwalter hat nach Beendigung noch schwebende Angelegenheiten zu erledigen, insbesondere anhängige Prozesse fortzuführen, und analog KO. 166 die noch ausstehenden Geschäfte, z. B. Herbeischaffen und Verteilen von Grundstückserträgnissen aus der Zeit der Zwangsverwaltung, vorzunehmen RG. 53 S. 264, RG. in JW. 1902 S. 318 Nr 35, SächsArch. 11 S. 735, s. aber NaumburgAK. 1901 S. 93, Recht 1903 S. 15, 177, DJZ. 1903 S. 363; — Rechnungslegung s. XIII B Anm. 8 e; — nach Beendigung Rückgabe der Bestallung oder des Anordnungsbeschlusses — XIII B Anm. 7 — WB. 50, SächsVO. v. 19. Juni 1900 § 14 Abs. 2 (GuVBl. S. 319); — Eintritt des Eigentümers in gegen Zwangsverwalter geführten Prozeß nach Aufhebung der Zwangsverwaltung OLG. 9 S. 144.

Paragraphen-Register.

I. Gesetz über die Zwangsversteigerung und die Zwangsverwaltung vom 24. März 1897.

II. Einführungsgesetz zum Gesetz über die Zv. usf.

III. Badisches Ausführungsgesetz vom 18. Juni 1899.

IV. Bayerisches Ausführungsgesetz vom 9. Juni 1899.

V. Bayerisches Uebergangsgesetz vom 9. Juni 1899.

VI. Bayerische Bekanntmachung vom 27. Februar 1905.

VII. Bayerische Bekanntmachung vom 31. März 1905.

VIII. Elsaß-Lothringisches Ausführungsgesetz vom 13. November 1899.

IX. Hessisches Ausführungsgesetz vom 23. Juli 1899.

X. Mecklenburg-Schw. Verordnung vom 9. April 1899.

XI. Preußisches Ausführungsgesetz vom 23. September 1899.

XII. Preußische Allg. Verf. vom 8. Dezember 1899.

XIII. Sächsisches Gesetz vom 18. Juni 1900.

XIV. Württembergisches Ausführungsgesetz vom 28. Juli 1899.

XV. Württembergishe Verf. vom 10. Oktober 1899.

Sachregister.

(Die römischen Zahlen bezeichnen den Abschnit, die folgenden Zahlen und Buchstaben die Anmerkungen und Unterabteilungen.)

A.

D.

E.

F.

G.

H.

J.

K.

W.

Z.

Becher, Dr. H., K. Landgerichtsrat in München.

Die Ausführungsgesetze zum Bürgerlichen Gesetzbuche. Sammlung der von den Bundesstaaten zur Ausführung des Bürgerlichen Gesetzbuchs und seiner Nebengesetze erlassenen Gesetze und mit Gesetzeskraft versehenen Verordnungen. gr. 8°. 2 Bände und ein Ergänzungsband mit einem Gesamtregister (215 Bogen). **Mk. 32.60**; in Halbfranz gebunden **Mk. 38.50.**

Neue Baiische Landeszeitung 1900. No. 133.

. . . . ein Werk, das bald jedem Praktiker unentbehrlich sein wird. Wer in seinem eigenen Rechtsgebiete sich die einzelnen Gesetze und Verordnungen zusammensucht, die zur Ausführung des BGB. nöthig wurden, het Arbeit genug. Als ein Ding der Unmöglichkeit aber schien es fast, sich in den Ausführungsbestimmungen der übrigen Einzelstaaten zurecht zu finden. Kein Zweifel, daß sich der Herausgeber den Dank aller mit der Rechtspflege in Berührung kommenden Kreise verdient hat. (Hachenburg.)

Dispeker, Dr. S., Rechtsanwalt in München.

Alphabetisch geordneter Führer durch das Bürgerliche Gesetzbuch und dessen Nebengesetze mit besonderer Berücksichtigung der für Bayern geltenden Bestimmungen und unter vergleichender Bezugnahme auf die römisch-rechtlichen Benennungen. gr 8°. (VIII, 372 S.) 1900. In Halbfr. geb. **Mk. 9.—.**

Keidel, Fr., K. Landgerichtsrat in München.

Gesetz über die Angelegenheiten der freiwilligen Gerichtsbarkeit v. 17. Mai 1898. Handausgabe mit Erläuterungen und Sachregister. 8°. (XII, 190 S.) 1898. In Ganzleinen geb. **Mk. 3.20.**

Ergänzungsbändchen hiezu, enthaltend die **bayerischen Ausführungsbestimmungen zu dem Gesetz über die Angelegenheiten der freiwilligen Gerichtsbarkeit.** 8°. (XII, 82 S.) Kart. **Mk. 1.60.**

Meikel, Gg., K. II. Staatsanwalt in München.

Bayer. Ausführungsgesetze zum Bürg. Gesetzbuche, zur Zivilprozeßordnung und zum Gerichtsverfassungsgesetz. Mit Wiedergabe der zitierten Paragraphen, Anmerkungen 2c. 2. vermehrte und verbesserte **Auflage.** 8°. (43 Bog.) Brosch. **Mk. 6.50,** geb. **Mk. 7.50.**

Böhm, Ferd., weil. Rat a. k. Oberst. Landesgericht in München, und
Klein, Max, Reichsgerichtsrat in Leipzig.

Das Bayerische Ausführungsgesetz zum Bürgerlichen Gesetzbuche. gr. 8°. (XV, 440 S.) 1901. Brosch. **Mk. 9.—.** In Halbfr. geb. **Mk. 11.—.**

Schad, Dr. **Karl,** K. Notar in München.

Kommentar zum Gesetz das Nachlaßwesen betreffend vom 9. August 1902. Nebst den §§ 86—99 des Reichsgesetzes über die Angelegenheiten der freiwilligen Gerichtsbarkeit v. 17. Mai 1898. gr. 8°. (VI, 364 S.) In Ganzl. geb. **Mk. 6.—.**

Keidel, Fr., K. Landgerichtsrat in München.

Handbuch des Verfahrens der Gerichte in Angelegenheiten der freiwilligen Gerichtsbarkeit für Bayern, ausschließlich der Registersachen der Fideikommißangelegenheiten und der standesherrlichen Vormundschaftssachen. 8°. (XII, 403 S.) 1903. In Ganzleinen geb. **Mk. 7.20.**

Gebhard, Carl, K. Landgerichtsrat in Bamberg.

Die Hypothekenbuchsbereinigung im rechtsrhein. Bayern und das künftige Grundbuch gegenüber dem jetzigen Hypothekenbuch. gr. 8°. (VIII, 220 S.) 1897. Brosch. **Mk. 4.—.**

FSC
www.fsc.org
MIX
Papier | Fördert gute Waldnutzung
FSC® C083411

Kolibri 360 GmbH
Ferdinand-Jühlke-Straße 7
99095 Erfurt, Deutschland
produktsicherheit@kolibri360.de